KB215315

금호강, 서호를 거닐다

후회감, 서글픔을 가눌다

■ 책 머리에

　대구시정에 몸을 담고 있을 때 함께 문학활동을 했던 동료 몇몇이 다시 모여 2006년 9월 오류문학회를 결성했다.
　'오류(五柳)'는 도연명(陶淵明, 365~427)이 공직에서 물러나 집에 다섯 그루의 버드나무를 심고 스스로 오류선생이라 했던 데서 따왔다. 틀에 짜인 빠듯한 생활에서 벗어나 문학과 자연을 사랑하며 세속에 초연하려고 했던 그의 풍모를 조금이라도 닮아 보려는 의도라고 할 수 있다.
　그 후 조지훈 생가와 이문열의 고향 두들마을, 이육사 문학관, 김종직과 그의 문인인 김굉필·정여창의 발자취가 남아 있는 함양을 비롯해 한강(寒岡) 문학의 산실인 무흘구곡 등 다양한 곳을 다녀왔다. 그러나 늘 아쉬웠던 것은 대구를 문향(文鄕)으로 자리 잡게 한 선조들의 활동 무대를 찾아보고 이를 알리는 일이 부족한 점이었다.
　그래서 처음 지목한 곳이 금호강 하류이다. 일찍이 신라의 고운(孤雲)선생이 이곳의 마천산에 머물며 벼루를 씻던 못이 있었다 하며, 조선중기 한강 정구와 여헌 장현광선생 등 원근의 문인들이 뱃놀이를 하며 시문을 지은 곳이었기 때문이다.
　그러나 옛날 강정에서 무태에 이르는 뱃길도 끊어진지 오래고, 강학처이자 담론 장소였던 부강정과 세심정은 흔적도 없이 사라졌으며, 대구 최초의 사학기관이었던 연경서원과 선사나루터는 원형마저 뭉개져 없어졌다.

달성군 서재의 성균진사 도석규(都錫珪, 1773~1837) 선생은 '서호 10곡(西湖十曲)'을 남겼는데, 금호강이 호수처럼 펼쳐져 선경을 이루는 이곳을 '서호'라 이름 짓고 수려한 경관과 도학의 기쁨을 노래하고 있다. 이정웅 회원이 우연히 입수하게 된 본 자료에 대해, 오류문학회는 금호강의 아름다움과 대구의 학문적 위상을 일깨울 수 있는 소재라는 점에 공감하고 개인별로 자유로운 제목을 정하여 책으로 발간하게 되었다.

막상 책을 펴내려 하니 지식의 한계가 부끄럽기도 하지만, 더 전문적인 연구는 학자에게 맡기기로 하고 우선 용기를 내었다. 선배 동학들의 많은 질책을 부탁드린다.

이번 자료가 가벼운 읽을거리에 그치지 않고, 시정 운영에 참고가 되어 뱃길이 이어지고 서원과 정자 등도 가능한 곳은 복원되어 새로운 강 문화가 꽃피워졌으면 한다.

이 책의 발간을 도와주신 대구경북연구원에 깊은 감사를 드린다.

2011년 6월
오류문학회장 **정 시 식**

금호강, 서호를 거닐다

서호 10곡 이야기

이 정 웅

- 호 : 죽정(竹庭)
- 전 대구광역시 녹지과장
- 산문집 『팔공산을 아십니까』(1993), 『나의 사랑 나의 자랑 대구』(1995), 『대구의 야생화』(1999), 『대구가 자랑스러운 12가지 이유』(2000), 『대구 경북의 명목을 찾아서』(2010)

서호 10곡 이야기

　성주도씨 대구입향지인 달성군 다사읍 서재리에 있는 용호서원의 수문장 역할을 하고 있는 팽나무 노거수를 보러 갔다가 〈용호서원유적지서제사적편합〉이라는 귀중한 자료를 얻었다.

　이를 통해 서원에 배향된 양직당(養直堂) 도성유(都聖俞, 1571~1649), 서재(鋤齋) 도여유(都汝俞, 1574~1640), 지암(止巖) 도신수(都愼修, 1598~1650) 등 세 분에 대한 생몰년도로부터 지낸 벼슬과 행적·저서에 이르기까지 자세한 사항을 알았을 뿐 아니라, 특히 일대의 아름다운 10곳을 노래한 시문을 확보할 수 있어서 매우 뜻밖이었다.

　서재마을을 포함한 강정·죽곡·이천·박곡·사수 등 다사

지역 일대는 낙동강과 금호강이 합류하는 곳으로 지금과 같이 제방을 쌓거나 경작지로 활용하기 전에는 범람 시 큰 호수를 이루었을 것이다. 뿐만 아니라, 와룡·마천·파산이 강 주위를 감싸 안아 경관 역시 수려해 일찍부터 널리 알려져 있었다.

나말(羅末)의 학자이자 대 문장가인 고운(孤雲) 최치원(崔致遠, 857~?) 선생이 이 곳 마천산의 '선사암(仙槎菴)'에 머물면서 벼루를 씻던 못이 있었다는 기록으로 보아 고운 역시 이곳에서 많은 시문을 썼을 것으로 생각된다.

그 후에도 원근의 많은 선비들이 서호 일대를 주유(舟遊)하며 시회를 열거나 시문을 지었으나 개인적이자 단편적인 작품일 뿐 전 지역을 대상으로 쓴 작품은 없다. 반면에 서호(西湖) 도석규(都錫珪, 1773~1837)는 일대를 함께 묶어서 '서호병 10곡(西湖屛十曲)'을 남긴 점이 특이하다.

선초(鮮初) 사가 서거정 선생이 대구 전 지역을 대상으로 '대구 10경'을 노래한 것과 달리 '서호병 10곡(西湖屛十曲)'은 지역적으로 다사 일대 즉 금호강 하류로 한정된 것이 아쉽기는 하지만 19세기 초 이 지역의 경승을 살펴 볼 수 있는 귀중한 사료라는 점에서 자못 의의가 크다고 할 수 있다.

10곡 중에서 제2곡 이락서당은 달서구, 제9곡 관어대는 칠곡군, 제10곡 사수빈은 북구로 행정구역이 다르나 그 이외 7곳은 달성군 다사지역이다.

선사(仙査) 뱃놀이

서호에서의 뱃놀이는 17세기 초가 절정이었던 것 같다. 임진왜란과 정유재란이 끝난 후 대구지역 사림의 영수인 낙재(樂齋) 서사원(徐思遠, 1550~1615)이 공부할 곳으로 선사암 옛터에 완락당(玩樂堂)을 짓고 이를 기념하기 위해 인동(현 구미시)출신의 여헌 장현광을 비롯한 향 내외의 일단의 선비들이 모여 뱃놀이를 하며 시회를 열었던 기록과, 그 기록을 바탕으로 조형규(趙衡逵)라는 분이 1833년(순조 33)에 그린 그림 〈금호선사선유도(琴湖仙査船遊圖)〉가 현존하고 있어 그 사실을 구체적으로 뒷받침하고 있다.

지주헌 이규문과 그의 아들 남촌 이윤원의 문집 〈지주헌 일고 및 남촌유고〉에 따르면 때는 임란이 끝난 3년 후 즉 1601년(선조 34) 봄이었다. 23명의 선비들이 모여 중국의 성리학자 주자(朱子)의 출재장연중(出載長煙重), 귀장편월경(歸裝片月輕), 천암원학우(千巖猿鶴友), 수절도가성(愁絕棹歌聲)이라는 시구(詩句)에서 각자 한 글자씩 나누어 시를 썼다.

선유(船遊) 23인

승선자	호	득자	거주지	주 요 경 력
서사원(徐思遠) (1550～1615)	낙재	출(出)	대구	한강 문인, 임란 의병장, 저서 낙재집, 구암서원에 배향됨, 모당과 함께 대구사림을 주도
여대로(呂大老) (1552～1612)	감호	재(載)	김천	한강 문인, 1583년(선조 16)대과 급제, 성균관 박사, 김천의병장
장현광(張顯光) (1554～1637)	여헌	장(長)	인동	조선 중기의 학자, 공조판서 등 20여 차례 관직에 불렀으나 응하지 않고 학문연구, 사후 영의정에 추증, 시호 문강
이천배(李天培) (1558～1604)	삼익재	연(煙)	성주	정구의 문인, 유학자, 천곡서원 중창, 덕암사에 제향
곽대덕(郭大德)	죽오		대구	임란시 공산회맹에 참여, 죽곡에 사현재(似賢齋)를 지어 후진 양성
이규문(李奎文) (1562～?)	지주헌	중(重)	성주	19세 무과급제, 부안현감 재직시 창의, 안동·종성 부사, 전라 좌도 수군절도사 역임, 선무원종 공신, 증 병조참판
장내범(張乃範) (1563～1640)	극명당	장(裝)	인동	한강·여헌 문인, 임란시 창의, 증 공조참판, 저서 〈가례의절〉, 소암서원 배향(配享)
송후창(宋後昌) (1563～?)	고헌	귀(歸)	성주	여헌 문인, 창신교위 역임
정사진(鄭四震) (1567～1616)	수암	편(片)	영천	공산성 창의, 영천복성전투에 참전, 왕자사부(師傅), 세마 시직, 선무원종3등공신, 입암서원 배향
이종문(李宗文) (1566～1638)	낙포	월(月)	대구	1588년 사마시 합격, 팔공산 의병, 비안·군위 현감, 하목정 창건, 선무원종공신

정용(鄭鏞) (1567~?)		경(輕)	대구	한강·낙재 문인, 임란시 창의, 하빈 동면장(東面將), 영남충의당 배향
서사진(徐思進) (1568~1645)		천(千)	대구	임란시 창의, 학문연구와 자기수양에 전념
도성유(都聖俞) (1571~1649)	양직당	원(猿)	대구	한강·낙재 문인, 임란시 창의, 용호서원 배향, 달성 십 현의 한 분, 칠곡향교 건립 시 사재 희사, 저서〈양직당집〉
정약(鄭鑰)	동헌	암(巖)	대구	임란시 창의, 하빈 서면유사(西面有事), 영남충의당 배향
정수(鄭鍝) (1573~1612)	양졸재	학(鶴)	대구	한강의 문인, 정용의 아우, 문명(文名)이 높았다. 40세에 요절하자 한강이 애통해 했음, 칠곡 오양서원에 제향
도여유(都汝俞) (1574~1640)	서재	우(友)	대구	한강·낙재 문인, 이괄의 난 시 손처눌과 함께 창의, 달성 십 현의 한 분, 용호서원에 배향, 마을 이름 서재는 그의 아호에서 따온 이름임
서항(徐恒)			대구	
정선(鄭銑) (1579~1644)	이계		대구	정수의 아우, 한강·낙재 문인
서사선(徐思選) (1579~1650)	동고	수(愁)	대구	1613년(광해군 5) 생원시 합격, 이괄의 난 때 창의, 유일로 천거되어 예빈시 참봉을 지냄, 옥천서원에 배향
정연(鄭鋋) (1575~1637)	이헌 (伊軒)		대구	동래정씨 이헌공파파조, 족보 상 이름 정횡(鄭鈜)
이흥우(李興雨)		절(絕)	칠곡	모당 문인
박증효(朴曾孝)	세심당	도(棹)	영천	모당 문인
김극명(金克銘)	반학정	가(歌)	서울	모당 문인

아쉬운 점은 위 문집에서 이종문·서사진 등 일부 인사들의 작품은 기재되지 않았고 또 어떤 분은 행적마저도 잘 알려지지 않았다. 읍지나 문집·족보 등을 찾아 우선 밝혀진 분들만 살펴보았다.

출신지는 서울 1, 칠곡 1, 영천 2, 성주 3, 김천 1, 인동 2, 대구가 13명이었다.

감호 여대로의 《선유록(船遊錄)》의 서문은 다음과 같다.

"이천은 별장(別庄)의 이름이니 행보(行甫, 사사원의 자)가 거처한다. 행보가 하남(=성리학)의 학에 뜻을 두고 이천장에 거처하는 것은 지방의 거리가 천만리나 먼데, 하늘이 이 별장에 이 이름을 하도록 한 것은 우연한 일은 아닐 것이다. 이천이 쉬지 않고 활기차게 흘러서 낙동강에 합친다. 이천과 낙강이 어찌 모두 한 지방에 모여서 행보의 분내물(分內物)이 되는 것인가. 덕회(德晦, 장현광의 자)는 행보와 뜻이 같은 벗이라, 마침 옥산으로부터 올새 따라 온 이가 많아서 여러 사람이 기약하지 않고 모인 것이다. 무이도가(武夷棹歌)의 흥을 따라서 선사 옛 절에서 뱃줄을 풀었으니 곧 유선(儒仙) 최치원이 옛날 놀던 곳이라 의희하게 도끼자루 썩은 자취가 있을 듯하다. 이날에 비가 조금 내리고 이내 개니 하늘과 구름이 물에 어림에 강둑의 꽃과 물가의 버들은 십리 장강에 잠기었다. 비단병풍 같은 물색이 모두 한 거울 안에 있다. 사미(四美)와 이난(二難)이 일시에 모두 갖추었으니, 인간 세상 백년에 한갓 다행스럽고 좋은 일이다. 그 층암의 기이함과 넓게 뻗은 사장(沙場)이 멀리 연한 것은 그림이 아니고는 그 형상을 다할 수 없다. 황혼에 부강정에 배를 대니 정자는 윤 진사 대승(大丞)이 지은 것이라, 기와는 난리에 불타버렸고 진사가 죽은 지 아직 10년이 채 못 되었는데 거친 대(臺)가 홀로 저문 비에 머무르고 빈 뜰에는 송죽의 그늘뿐이라서 나로 하여금 산양(山陽)의 느낌이 일도록 하는구나. 강촌이 저물어감에 그곳에서 쉬기로 되었는데 겨우 두어간 방에 여럿이 다 잘 수 없으므로 나와 사빈(士彬, 이규문의 자)은 학가(學可, 이종문의 자)의 집에서 자는데 날 밝기를 기다려서 제현이 추후로 함께 왔다. 새벽 구름이 비를 빚으니 나그네의 옷이 이슬비에 젖었으나 경쾌한 모습은 도사가 공중에 나는 듯하다. 배 안에서 출재장연중 이하 27자로 운을 내니 이것은 주회암(朱晦菴) 무이정사(武夷精舍)의 절구라 제현이 서로 앞 다투어 짓고 읊은데 오직 이 진사 학가만이 도리원(桃李園)에서 글을 짓지 못한 사람같이 되어 벌주로 막걸리를 마시되 금곡주수(金谷酒數)에 의하였다. 덕회는 장(長)자를 얻었으되 다듬은 기가 없고 나도 여러 친구들이 억박지름에 부득이 그 끝을 이어서 드디어

서로 큰 웃음을 웃고 파회했으나 작별의 한이 재촉되어 남은 정을 다할 겨를이 없었다. 사람의 그림자가 나누어질 때는 해도 이미 서산에 기울었다. 꽃다운 자취가 지났음에 즐거웠던 일이 꿈같구나. 어제 일을 돌이켜 생각하니 점점 암연(黯然)할 뿐이다. 아! 10년의 병란에 몇 사람이 살았으며 비록 몇 사람이 살았다 할지라도 서로 같은 소회를 가진 이가 몇이나 될까. 심중으로 만나기를 기약한 이가 있으면 조물주의 마(魔)를 당하는 것이 예사이니 이는 세상에 유(留)하기가 어려운 일이고, 그 모임을 얻는다는 것은 또 더욱 어려운 일인데 이제 약속 없이 23인이 같이 모였다는 것이 어찌 인력으로 될 일인가. 그것은 수(數)에 있는 것으로 누가 그렇게 시킨 것인지 알 수 없다. 본래 이합(離合)은 모이면 반드시 흩어지고 흩어져서는 또 모이나니 한번 모이고 흩어짐이 모두 하늘의 처분(處分)일 것이니 다른 해 이날에 이 몸이 또 어디서 모일지 알지 못하겠고 그 모임이 꼭 있으리라고도 할 수 없으며 비록 모여도 모두가 다 모일 수 없을 것이니 후세 사람이 오늘의 모임을 사모함이 오늘 우리들이 옛 사람의 모임을 사모함과 같을런지 어찌 알리오. 참으로 슬프다. 김 수사(秀士) 극명(克明)이 이일이 잊어질까 염려하여 훗날 기억에 남도록 나에게 서문을 부탁하니 내 어찌 글 할 줄 모른다 하여 거절하겠는가.”

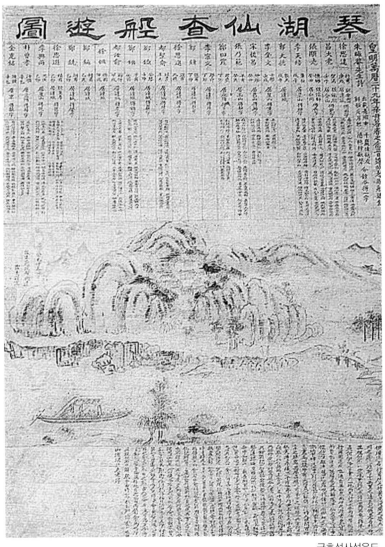

금호선사선유도

'이천(伊川)이라는 지명이 우연이 아닌 것처럼 낙재가 성리학을 공부하는 것도 결코 우연(偶然)이 아니다. 날씨마저 좋고, 사미(四美 : 좋은 시절, 아름다운 경치, 구경하고 즐기는 마음, 즐거운 일)와 이난(二難 : 착한 임금과 훌륭한 손님, 이 두 가지를 다 얻기 어렵다는 뜻)도 모두 갖추었다. 황혼녘에 윤대승이 만든 부강정에 배를 댔다. 임란으로 정자가 불타 다 잘 수가 없었다. 이튿날 시 짓기를 했는데 이종문만은 못 지어 벌주를 마셨다. 10년의 병란에 살아남아 이렇게 만나니 얼마나 즐거운가! 이 모든 것이 하늘의 뜻이다. 이 아름다운 모임을 오래 기억하기 위해 글을 남긴다.' 는 뜻이다.

대구문풍의 산실 금호강

대구에 학문의 꽃이 활짝 핀 것은 시기적으로는 16~17세기, 학맥으로는 한강(寒岡) 정구(鄭逑, 1543~1620)와 계동(溪東) 전경창(全慶昌, 1532~1582)으로부터 비롯된다고 볼 수 있다.

물론 이보다 이른 시기인 15세기에, 양관 대제학을 26년간 수행하면서 조선의 문형을 좌우했고, 과거시험관을 무려 23년간이나 역임한 사가정(四佳亭) 서거정(徐巨正, 1420~1488) 선생이나, 동방 오현의 한 분인 한훤당(寒暄堂) 김굉필(金宏弼, 1454~1504) 선생 같은 걸출한 인물이 없었던 것은 아니나, 사가정은 오랜 벼슬살이로 한훤당은 30대 후반 서울로 이거했기 때문에 대구의 문풍을 진작시키는 데는 미흡했다.

이러한 때에 좌도에는 퇴계(退溪) 이황(李滉), 우도에는 남명(南冥) 조식(曺植)이라는 훌륭한 학자가 배출되면서 대구는 도산 학맥이 우세한 가운데 덕산의 후학도 공존하게 된다.

도산의 대표적인 인물은 계동 전경창과 추월헌(秋月軒) 채응룡(蔡應龍, 1530~1574)이었다. 대구 출신으로 〈도산급문제현록(陶山及門諸賢錄)〉에 등재된 분은 이 두 분뿐이다.

이를 두고 임재(臨齋) 서찬규(徐贊奎, 1825~1905)는 "우리 대구지역의 유학은 계동 선생으로 시작되어 발전하였다."라고 했다. 그러나 계동은 벼슬길에 나아가면서 후학을 가르칠 시간이 없었고 또 오래 수를 못해서 그런지 모당 손처눌(1553~1634), 태암 이주(1556~1604) 이외 특별한 제자를 두지 못했다. 반면에 출신은 대구가 아니었지만 역시 퇴계 후학이었던 한강은 만년에 대구에 머물렀던 관계로 많은 제자를 두었다. 모당·태암 역시 나중에 한강 학단에 합류하게 된다.

당시 대구지역의 많은 선비들은 금호강변의 경관이 수려한 곳에서 후학을 가르치거나 자기만의 공간인 별서(別墅)나 정자를 마련하였다. 채응린(1529~1584)이 검단에 압로정(鴨鷺亭)을, 전응창(계동의 형)이 무태에 세심정(洗心亭)을, 이주가 역시 무태에 환성정(喚醒亭)을, 서사원이 다사 선사에 이천정사(伊川 精舍)를, 정광천이 죽곡에 아금정(牙琴亭)을, 윤대승이 금호와 낙강이 합류하는 곳에 부강정(浮江亭)을 지었다.

그들은 이 공간에서 금호강의 수운을 이용해 다른 선비들과 교유하거나 후학을 가르쳤으며 연경서원을 강학하기도 했다. 그 단편적인 예를 살펴보면

• 1603년(선조 36) 5월 10일

서사원이 선사재에서 배를 타고 세심정에 묵고, 이튿날은 도 동의 곽재겸에 12일은 세심정에 도착하여 유숙하고 13일에 돌 아감. 이때 서사원·곽재겸·이주·전한(全閈) 등이 함께 했다.

• 1606년(선조 39) 2월 26일

서사원이 선사재에서 검간(黔澗) 조정(趙靖, 1555~1636)과 함 께 배를 타고 세심정에 와서 편안히 토의하고 술자리를 가졌다.

선사재는 다사에 세심정은 무태에 있어 양 정자를 금호강 뱃 길을 통해 오고갔음을 알 수 있다. 계동선생의 연보를 통해 살 펴본 짧은 기록이다.

또 모당 선생 연보에도 "정(한강을 말함) 선생을 모시고 선사

에서 학문을 강론하고 이어서 낙동강에서 뱃놀이를 했는데 모인 사람이 70명이었다.”라고 한 것을 볼 때, 금호강은 단순히 물이 흐르는 강이 아니라, 지역 선비들의 강학처이자, 문학 작품의 무대, 접빈장소, 주요 교통로, 생활의 터전이었다. 한강 역시 낙재·모당·여헌 등과 이 일대를 수시로 주유(舟遊)했다.

따라서 금호강 특히 선사 일대는 지역 문인들이 소통·교유하며 학술과 문화 발전에 구심점 역할을 했고 이런 잦은 모임을 통해 내부 결속력을 높이고 대구 문풍을 활짝 꽃 피웠다.

외지의 선비들도 서호 일대에 관한 시를 남겼는데 한음 이덕형(李德馨, 1561~1613), 오봉 이호민(李好閔, 1553~1634), 송재 이우(李瑀, 1469~1517), 초간 권문해(權文海, 1534~1591) 등으로 모두 당대의 이름 난 문사들이다.

1614년(광해 6) 한강이 성주에서 노곡을 거쳐 사빈(泗濱, 후에 泗水로 개명)으로 와서 사양정사(泗陽精舍)에 머물며 저술활동을 할 때 뱃놀이는 더욱 활발했다. 학봉 김성일 선생의 행장(行狀) 역시 오랜 고심 끝에 이곳 사수에서 완성되었다.

1617년(광해 9) 7월 20일 새벽 한강은 지병을 치료하기 위해 지암에서 배를 이용해 동래로 온천욕을 하러 갔다. 이 때 이윤우 등 일부 고제들이 동승했고 그렇지 못한 사람들은 뱃전에서 장도를 축하했다. 뱃길 710리 뭍길 20리, 총 730리 길을 7일

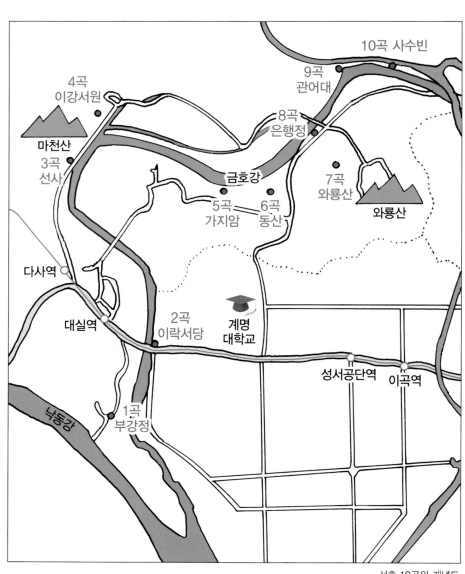

4곡
이강서원

마천산
3곡
선사

금호강

5곡   6곡
가지암   동산

7곡
와룡산

와룡산

8곡
은행정

9곡
관어대

10곡 사수빈

다사역

대실역

2곡
이락서당

계명
대학교

성서공단역   이곡역

낙동강

1곡
부강정

서호 10곡의 개념도

만에 갔다. 그는 그 곳에서 30일간 요양했으며 8월 26일 동래를 떠나 양산-통도사-경주-영천-하양-경산을 거쳐 9월 4일 사수에 도착했다.

서호 10곡

도석규의 아호는 서호(西湖) 또는 금남(錦南)이다. 1773년(영조 49)에 태어났다. 그는 어려서부터 매우 영특했다고 한다. 그러나 19세 때 생모, 다음 날은 부친, 그 다음 날은 생가조모와 조모 상을 당하니 3일 만에 네 번 초상을 치르는 불행을 겪었다.

이런 가정형편 때문에 뒤늦게 공부를 시작하여 아우 면규와 함께 임란시 영의정을 지낸 유성룡의 후손인 유심춘에게 글을 배우니 학생들 중 단연 으뜸이었다고 한다. 이후 이락당을 짓고 학문을 강론하였다.

1809년(순조 9) 증광회시(增廣會試) 즉 나라에서 경사가 있을 때 보이던 사마시에 합격했다. 문장을 잘 지어 동료들의 부러움을 샀다. 그해 한강 정구와 여헌 장현광을 문묘에 배향할 것을 주장하는 상소를 올렸다. 또한 죽헌 도신징(1611~1678)의 문집을 간행했다. 죽헌은 2차 예송에서 노론의 영수 송시열을 실각시킨 사람이다. 만년 가세가 급격히 나빠져서 거처를 오동(梧洞)으로 옮겼다. 1837년(헌종 3)돌아가시니 향년 65세였다.

저서로 〈가례편고(家禮便考)〉 〈서호애록(西湖哀錄)〉 〈해동연원록(海東淵源錄)〉 등이 있다. 그가 지은 서호병 10곡(西湖屛十曲), 즉 서호 10곡은 다음과 같다.

제1곡 부강정(浮江亭)

부강정 터 (파란지붕)

첫째 굽이, 부강정에 강물은 흐르는데
윤씨는 이미 가고 이씨가 성하도다.
유유한 인간사 예나 지금이나 같은데
머리 돌려 백사장의 백구에게 물어볼거나!

일곡부강강수류(一曲浮江江水流)

윤옹이거이옹휴(尹翁已去李翁休)

유유인사성금고(悠悠人事成今古)

회수평사문백구(回首平沙間白鷗)

▨ 부강정 : 금호강과 낙동강이 만나는 곳에 있었던 정자
  – 다사향토문화연구소장 최원관은 그 위치를 죽곡리 700-3번지로 비정하고
    있다.
▨ 윤옹이거이옹휴 : 부강정의 주인이 파평인 윤대승(尹大承)에서 임란 시 팔공산에서 창
    의(倡義) 서면대장(西面大將)으로 활동한 전의인 이종문의 아들 다포
    (茶圃) 이지화(李之華)로 바뀐 것을 말하는 듯. 이지화는 스스로를
    부강거서(浮江居士)라고 했다.

다포는 1613년(광해군 5) 문과에 합격해 병조·예조참의를
지냈다. 그가 부강정을 인수받을 수 있었던 것은 조부(祖父) 이
경두가 파평인 윤황(尹滉)의 딸과 혼인했는데 윤황은 부강정을
창건한 윤대승의 아버지였다.

제2곡 이락서당(伊洛書堂)

둘째 굽이, 배가 이락정에 닿으니
한강과 낙재를 기리는 단청이 아름답네.
강을 오르내리는 뱃노래 귓전에 울리니
구문의 뛰어난 선비 만고진리 깨달았도다.

이락서당

이곡선임이락정(二曲船臨伊洛亭)

모한미락화단청(慕寒彌樂畵丹靑)

도가황약문래이(棹歌悅若聞來耳)

구실군용만고성(九室群聳萬古醒)

▨ 이락서당 : 1799년(정조 23)에 한강과 낙재를 기리기 위해 역내 9문중이 세운 서당
　　　위치: 달서구 파산(강창교 오른 쪽)

▨ 구문 : 순천박씨, 달성서씨, 밀양박씨, 광주(廣州)이씨, 광주(光州)이씨, 일직손씨, 전의
　　　이씨, 함안조씨, 성주도씨

제3곡 선사(仙槎)

선사 옛터

셋째 굽이, 난가대에 의지하여 묻노니
고운의 선사 옛 자취를 아는 이 드물구나.
가야산에서 천년동안 소식이 없도다.
강 위에 뜬 가을 구름은 아득하기만 하네.

삼곡난가의문지(三曲爛柯椅問之)
선사유사한능지(仙槎遺事罕能知)
가야천재무소식(伽倻千載無消息)
강상추운사한시(江上秋雲似漢時)

※ 선사 : 이현로를 따라 하빈으로 가는 삼거리와 이강서원 일대
  – 마천산 선사암(仙槎菴)에 최고운이 머물렀다는 기록이 신증동국여지승람에 있
    음. 선사(仙槎) 즉 신선들이 타는 뗏목이라는 이름은 이 선사암으로부터 비롯
    된 것임

제4곡 이강서원(伊江書院)

넷째 굽이, 이강서원의 원우가 새롭고
몇 그루 박달 향기 다시 봄을 맞았구나.
심의에 대대를 두르고 안빈낙도하였으니
우리 조상 당시에 진리를 얻었구나.

사곡이강원우신(四曲伊江院宇新)
수주단향복위춘(數株檀香複爲春)
심의대대단표락(深衣大帶簞瓢樂)
오조당년견득진(吾祖當年見得眞)

※ 이강서원 : 낙재 서사원을 기리기 위해 세운 서원 - 선사암을 헐고 세웠다고 함.
※ 단향(檀香) : 박달나무 향기가 아니라 향나무 향기로 추정됨

이강서원

제5곡 가지암(可止巖)

가지암 옛터

다섯 굽이, 배를 가지암에 대어보니
상서로운 짐승들이 노니는구나.
바윗돌은 잇대어 천길 절벽을 이루고
한 줄기 장강의 물에 기강이 배어 있네.

오곡정선가지암(五曲停船可止巖)

현원백록답삼삼(玄猿白鹿踏三三)

암암유석수천인(岩岩維石垂千仞)

일도장강기상함(一道長江氣像涵)

⌧ 가지암 : 서재마을 서쪽의 절벽, 현재 세천공단조성으로 원형이 대부분 파괴되었음
　　　－ 한강의 동래 온천 행 출발지 지암(止巖)과 같은 곳으로 추정

제6곡 동산(東山)

여섯 굽이, 동산은 한 폭의 그림 같은데
팔군자가 나시어 용호서원에 봉향하고
제악 올려 향사 드린 지 오래인데
아득한 풍연에 새들도 즐거워라.

오륜문화회

육곡동산사화도(六曲東山似畵圖)

팔군자출향용호(八君子出享龍湖)

현가조두요요구(絃歌俎豆寥寥久)

호탕풍연조락오(浩湯風煙鳥樂娛)

※ 동산 : 용호서원 뒷산, 일명 돈산 즉 돼지(豚)산이라고 함
※ 팔군자 : 성주도씨 출신 8명의 선비
　　　　－ 양직당 도성유, 서재 도여유, 취애 도응유, 낙음 도경유, 지암 도신수, 휘헌
　　　　　　도신여, 죽헌 도신징, 석천 도이망

제7곡 와룡산(臥龍山)

와룡산-오른 쪽이 머리, 왼쪽이 꼬리

일곱 굽이, 와룡산을 돌아 나오니
황제의 수레가 세 번이나 찾아 왔었구나.
중도에 돌아가시니 제갈량은 통곡했고
한나라 천운은 거듭되지 않았네.

칠지곡출와룡산(七之曲出臥龍山)
재가삼운고차문(宰駕三云顧此問)
중도붕년신량루(中道崩年臣亮淚)
한가천조불중환(漢家天祚不重還)

🔲 재가삼운고차문 : 유비와 와룡선생 제갈량의 고사를 말함

제8곡 은행정(銀杏亭)

은행정 옛터

여덟 굽이, 배가 닿으니 석양이 기울었는데
집 마당에 은행나무가 정자같이 우뚝 서 있네.
소타고 강 건너던 신선 돌아오지 않는데
지금껏 사람들 누운 매화나무만 알 뿐이네.

팔곡선정석일사(八曲船停夕日斜)
은정감연야행가(銀亭堪漣野杏家)
강상기우선불반(江上騎牛仙不返)
지금인독와매화(至今人讀臥梅花)

※ 은행정 : 마을 동편 금호강 변에 있던 은행나무 옆 정자
※ 기우선 : 한강과 낙재가 소를 타고 금호강을 건너 다녔다는 고사

제9곡 관어대(觀魚臺)

관어대

아홉 굽이, 강에 닿아 대에 이르지 않았으나
낚싯대 드리운 봄 강물이 거울 같구나.
사물을 보고도 이치를 깨닫지 못하니
선생 가신 후 찾아온 것이 한스럽구나.

구곡임강부작대(九曲臨江不作臺)
일호춘수감여개(一蒿春水鑑如開)
관어불달관어리(觀魚不達觀魚理)
최한선생거후래(最恨先生去後來)

※ 관어대 : 한강이 소요하던 정자, 지금은 흔적만 남아 있음.

36

제10곡 사수빈 (泗水濱)

사수빈

열 굽이, 사수가에 배를 대니
크고 넓은 우리 유도가 만년토록 새롭구나.
상린이 활발하여 천기가 기를 정하니
완연히 중앙에 지성인이 있도다.

십곡유주사수빈(十曲維舟泗水濱)
왕양오도만년신(汪洋吾道萬年新)
상린활발천기정(翔鱗活潑天機定)
완재중앙지성인(宛在中央知性人)

※ 왕양 : 강물이 넓게 흐르는 모양, 현재와 같이 제방을 쌓기 전 일대는 바다처럼 넓었
　　을 것임

맺는 말

'서호 10곡'은 다사지역 주민들이 만든 《다사향토지》나 《달성군지》에도 공개된 바 없는 귀중한 자료다.

10년이면 강산도 변한다는 말이 있듯이 200여 년이 지난 오늘날 현장은 너무나 많이 변했다. '와룡산' '선사' '사수빈' '동산' '이락서당' '가지암' 6곳은 그나마 어느 정도 보존되어 있으나, '부강정' '관어대' '은행정' 3곳은 흔적도 없이 사라졌다. 또한 '이강서원' 1곳은 최근 복원되고 서원 앞까지 임도를 잘 닦아 놓았으나 가로수의 수종이 하필이면 임란(壬亂) 의병장을 지낸 낙재의 이미지와 달리 벚나무라 아쉽다.

일대는 '금호강종합개발계획'이라는 이름으로 정부차원에서 재정비를 서두르고 있다. 보(洑)의 설치나 준설 등을 통해 수량을 확보하고 수질을 개선하는 것도 중요하지만 400여 년 전과 같이 배를 타고 다사에서 검단, 아니면 안심까지 출퇴근이 가능하도록 수운(水運)이 개발되었으면 한다.

뿐만 아니라, 지역의 문화와 선조들의 삶의 흔적이 깊게 배어 있는 곳인 만큼 '서호 10곡'의 일부와 함께, 비록 서호와는 직접 관련이 없더라도 17세기 지역 사람의 강학처이자 교유장소, 대구 문학의 산실이었던 무태의 세심정, 선사의 선사재, 강정의 부강정 3곳의 정자와 대구 최초의 서원인 연경서원을 복원할 필요가 있다.

또한 해랑교 일대에는 공원을 조성하여 선사선유도에 나오는 사람들의 시와 서호 10경의 시비를, 전설의 주인공 모녀를 기리는 가칭 '해랑모녀상'을 세우고, 노곡동 앞 하중도에는 생태체험관과 도시 규모에 걸맞게 자연사박물관을 건립하고 선사와 검단나루터를 복원하여 21세기 대구의 새로운 명소로 만들었으면 한다.

강안문학의 요람 이락서당

정 시 식

- 호 : 송연(松筵)
- 전 대구광역시 문화체육국장, 서구 부구청장
- 초대 대구시청문학회장, 현 오류문학회장

강안문학의 요람 이락서당

부끄러운 마음으로

지금은 논메기 매운탕으로 잘 알려진 곳, 지하철 2호선 종점역이 있는 문양(汶陽)이 내 고향이다. 산을 좋아하는 분들은 이 역에서 내려 서부실(문양2리) 뒷산을 타는 등산로를 즐겨 찾고 있다. 뒷동산을 지하철 기지창에 내준 대가로 그린벨트가 풀리고, 줄어만 가던 동세가 서서히 회복되고 있다니 다행스러운 일이다.

1948년 국민학교에 입학하기 위해서 형님이 계시는 대구로 가던 날, 어머니의 손을 잡고 돌고개를 넘어 주재소(지금의 다사파출소)가 있는 왕시고개를 지나 십리 길을 걸어서 강창에 다다르니 큰 강이 가로막고 있었다. 사공이 긴 막대로 강바닥을 밀어 노를 젓는 나룻배를 타는 것도 신기했는데, 넓은 강을 건너는 아이의 눈길에 제일 먼저 들어오는 풍경은 높다란 절벽에 날아갈 듯한 기와집 한 채였다. 그 때는 절경의 자리에 잘 지은 부잣집의 재실이려니 여기고는 지나쳤다. 강창에서 마차를 타고 내당동 삼거리에서 내려 20여 분 거리 북향집이 고향을 떠난 첫 보금자리였다.

남산국민학교에 다니던 2학년 때 6·25가 터지고 주말이면 고향 가는 길은 전방으로 가는 보급로가 되어 수 십대씩 줄을 지어 먼지를 날리면서 북진하는 트럭으로 진풍경을 이루었다. 보급로의 장애가 되는 금호강에는 미군이 나무로 임시다리를 놓은 덕분에 걸어서 다니던 고향 길에 버스를 타고 다닐 수 있었다. 그러나 여름 홍수가 나서 다리 상판이 물길에 쓸려 기울어져 통행이 어려워지자 버스를 실어 나르는 큰 배가 생겼다. 배를 타고 오고가는 강상 풍경은 다시 벼랑에 있는 높은 기와집을 볼 수 있어 좋았다. 셋째 형수가 시집으로 가던 날 강이 얼어붙어 얼음 위로 신바람 나게 강을 건너면서 돌아본 높은 절벽의 겨울 기와집이 아직도 내 뇌리에 생생하게 자리 잡고 있다.

나무다리가 철거되고 콘크리트 다리가 건설된 것은 1966

44

년 4월 9일 당시 국회의원이었던 성곡 김성곤 의원의 힘으로
착공하여 1970년 12월 31일 준공되었다. 배를 타고 강을 건
널 때는 덩그렇게 높아보이던 이 부잣집 재실 같은 기와집이
콘크리트 다리가 놓이면서 같은 높이로 건너 보이다가 교통
량의 증가와 오래된 다리를 교체하면서 다릿발이 높아져서
지금은 내려다보이게 되면서 나는 이 집이 부잣집의 재실이
아니라는 사실을 알게 되었다.

　36년간 젊음을 바쳐 일하던 시청 동료들 중에서 글 쓰는 일
을 좋아해 모였던 문우회 회원들이 뒤이어 퇴직한 사람들끼
리 '오류문학회'를 만들어 퇴직의 여가를 활용하는 과정에
서, 비로소 어린 시절 동경의 눈으로 바라본 이 기와집이 단
순한 재실이 아니고 200여 년 전부터 이 지역의 젊은이를 위
한 교육기관인 '이락서당'이라는 것을 알게 되었다.

　낙동강과 금호강이 합류하는 아름다운 파산(巴山)에 집을
짓고 글을 가르친 이락서당에 관해서 뒤늦게나마 부끄러운
마음으로 관심을 가지고 자료를 모으고 서당을 세운 후손들
을 찾아 내력을 듣고 동료들의 조언을 받아 미흡하지만 글을
엮어 세상에 내놓고자 한다.

이락서당의 건립 취지

한강 정구 선생과 낙재 서사원 선생에게 배웠던 후손 열한 개 마을 아홉 문중의 30명 선비가 뜻을 모아 학계(學契)를 조직하고 두 스승의 학문을 후손들이 이어받을 배움터로 이락서당(伊洛書堂)을 건립하였다. 정조가 국정을 쇄신하고자 교육에 힘을 기울이던 성지를 받들어 무오년(1798년) 9월에 착공하여 이듬해 늦봄에 준공하였다. 그 후 200여 년을 면면히 이어오면서 학문과 문학을 꽃피워 대구지방이 많은 인재를 배출하고 교육문화의 도시로 불리게 되는 근저를 이루는 일익을 담당하게 하였다. 말하자면 강안문학(江岸文學)의 요람으로 자리매김하게 된 것이다.

이락서당본당에서 전면 개축하여 마지막 단장을 하는 이락서당

한강·낙재 두 선생이 머무시던 달성 파산은 북쪽은 영귀대(詠歸臺)요 서쪽은 관란대(觀瀾臺)로 산자수명한 곳에 터를 잡아 세웠다.

이름 이락(伊洛)은 이강(伊江)과 낙동강(洛東江)이 합류하는 곳이라는 의미도 있지만, 가깝게 있는 집이 이천(伊川)인 낙재와 성주·칠곡·대구·창녕 등 낙동강 연안을 중심으로 활동했던 한강의 학문을 이어가겠다는 의지의 표상으로 보이기도 한다.

이락서당기에서 "동쪽 협실을 모한(慕寒)이라 하니 한강을 존모하는 뜻이요, 서쪽 협실을 경락(景樂)이라 하니 낙재를 경앙(景仰)하는 뜻이다. 전체의 이름을 이락서당(伊洛書堂)이라 하였는데 이는 이강과 낙수가 서로 만나는 까닭이다."한 것으로 보아 낙재와 한강 두 선생을 존경하고 사모하여 그 가르침을 이어받으려는 뜻이 분명하다.

한강·낙재 두 선생의 생애

낙동강과 금호강이 합류하는 강안의 선비들에게 큰 영향을 끼친 한강·낙재 두 선생의 생애와 가르침을 간단하게 살펴봄으로써 이락서당의 설립 취지를 깊이 이해하고 이 서당이 대구지방의 학문과 문학에 기여한 공적을 가늠해 볼 수 있다.

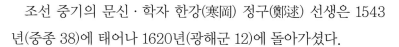

조선 중기의 문신·학자 한강(寒岡) 정구(鄭逑) 선생은 1543년(중종 38)에 태어나 1620년(광해군 12)에 돌아가셨다.

본관은 청주(清州), 자는 도가(道可), 호는 한강, 성주 출신으로 김굉필(金宏弼)의 외증손이며, 판서 사중(思中)의 아들로 태어나 성주이씨와 혼인한 인연으로 성주에 정착하였다.

경학을 비롯하여 여러 분야에 통달했으며, 특히 예학(禮學)에 뛰어났으며 그의 문하에서 많은 제자가 배출되어 영남 남인 학파의 한 줄기를 이루었고 영남학을 근기지방까지 확대했다.

어려서부터 영민하고 재주가 뛰어나 신동이라 일컬었다.

7세 때 《논어》와 《대학》을 배워 대의를 통하였으며, 12세 때 그의 종이모부이며 조식(曺植)의 고 제자였던 오건(吳健)이 성주향교의 교수로 부임하자 그 문하생이 되어 《주역》 등을 배웠다.

1563년(명종 18)에 이황·조식에게서 성리학을 배웠다. 1564년 상경하여 과거장까지 갔다가 시험에 응하지 않고 돌아와 그 뒤로는 과거를 단념하고 학문에만 열중했다.

1573년(선조 6) 예빈시참봉에 이어 1578년 사포서주부, 그 뒤 삼가·의흥·지례 등지의 현감에 임명되었으나 나가지 않았다. 1580년 비로소 창녕현감에 부임했고, 이때 베푼 선정으로 생사당(生祠堂)이 세워졌다. 이듬해 지평이 되고 동복현감을 거쳐 1585년 교정청(校正廳)의 교정랑(校正郎)으로서 《경서훈해(經書訓解)》를 교정했다.

1591년 통천군수가 되었는데, 그 이듬해 임진왜란이 일어나자 각 군에 격문을 보내 의병을 일으키도록 했다. 그 뒤 우승지·강원도관찰사·성천부사·충주목사·공조참판 등을 역임했다. 1608년(광해군 즉위) 대사헌이 되었으나 임해군(臨海君)의 옥사가 일어나자 이에 관련된 사람을 모두 용서하라고 상소한 뒤 고향에 돌아갔다. 1613년 계축옥사가 일어나자 영창대군(永昌大君)을 구하기 위해 상소를 했다. 고향 성주에 백매원(百梅園)을 세워 유생들을 가르쳤다.

그의 학문세계는 우주공간의 모든 것을 연구대상으로 삼았다. 그리하여 경서·병학·의학·역사·천문·풍수지리 등 모든 분야에 통달하였는데, 그 중에서도 예학은 특출하였다.

그의 예는 가깝고 먼 것을 정하고, 믿고 못 믿음을 결정하고, 같고 다름을 구별하고, 옳고 그름을 밝히는 기준이라고 밝히고 있다.

그는 전통적인 영남학풍을 계승했는데, 그의 〈심경발휘(心經發揮)〉는 이황의 〈심경후론 (心經後論)〉을 수정·보완한 것으로 〈심경〉을 중요시한 이황의 학문을 이었음을 알 수 있다. 또 〈오선생예설분류(五先生禮說分類)〉는 정호(程顥)·정이

(程頤)·장재(張載)·사마광(司馬光)·주희(朱熹)의 예설을 분류한 것으로 예의 중요성을 일깨우고 예를 통하여 이웃과 사회, 그리고 국가생활을 이롭게 한다는 도덕 지상주의적 태도를 보여준다. 《예기상례분류(禮記喪禮分類)》·《가례집람보주(家禮集覽補註)》·《오복연혁도(五服沿革圖)》·《심의제도(深衣制度)》 등도 예학에 관한 저술들이다. 이밖에 역사서로 고금의 역사적 사실에 입각하여 정치의 득실과 그 요체를 밝힌 《고금충모(古今忠謨)》·《고금치란제요(古今治亂提要)》 등이 있으며, 《고금인물지(古今人物志)》·《고금명신록(古今名臣錄)》 등과 같은 전기류도 있다.

안과 의서인 《의안집방(醫眼集方)》과 산아와 육아에 관한 《광사속집(廣嗣續集)》도 저술했다. 수령을 맡을 때마다 그 고장의 산천·물산·고적·인정·풍속 등을 조사·수집하여 7종의 읍지를 간행했는데, 그중 《함주지(咸州誌)》가 남아 있다.

그 밖의 저서로 《한강집》·《성현풍(聖賢風)》·《태극문변(太極問辨)》·《수사언인록(洙泗言仁錄)》·《무이지(武夷志)》·《곡산동암지(谷山洞庵志)》·《와룡지(臥龍志)》·《역대기년(歷代紀年)》·《고문회수(古文會粹)》·《경현속록(景賢續錄)》·《관의(冠儀)》·《혼의(婚儀)》·《장의(葬儀)》·〈계의(禊儀)〉·《갱장록(羹墻錄)》 등이 있다.

인조반정 후 영의정에 추증되었다. 성주 동강서원(東岡書院)·회연서원(檜淵書院)·천곡서원(川谷書院), 충주 운곡서원(雲谷書院), 창녕 관산서원(冠山書院), 성천 학령서원(鶴翎書院), 통천 경덕사(景德祠) 등에 제향되었다.

제자로는 이후경(李厚慶)·서사원(徐思遠)·황종해(黃宗海)·허목(許穆) 등이 있는데 이들은 김성일(金誠一)·유성룡(柳成龍)·장현광(張顯光)의 문하와 함께 영남 남인학파를 이루었다. 한편 그의 사상 가운데 경세론 분야는 허목 등 근기학파(近畿學派)에 속한 학자에게 계승되어, 이익(李瀷)·안정복(安鼎福)·정약용(丁若鏞) 등에 의해서 더욱 심화·발전되었다. 당대의 명문장가로서 글씨도 잘 썼다. 시호는 문목(文穆)이다.

조선 중기의 학자 낙재 서사원은 1550년(명종 5)에 태어나 1615년(광해군 7)에 돌아가셨다.

본관은 달성, 호는 젊어서는 미락재(彌樂齋), 그 후에는 낙재(樂齋)를 썼다. 전교 흡(洽)의 아들이며, 큰아버지 형(泂)에게 입양되었다.

대구 출신이며, 정구의 문하이나 송담 채응린에게도 배웠다.

주자학 및 이황의 문집을 깊이 연구하고 중년 이후는 후진을 가르쳤다. 1587년(선조 20) 학행으로 감역·찰방을 지내고, 1592년(25) 임란 때에는 손처눌, 정사철 등과 의병을 일으키고 군량미조달에 진력하였다. 1595년(선조 28) 청안현감(淸安縣監)에 부임하여 문묘를 수리하고 학문진흥과 후진양성에 힘써 송덕비가 세워졌다.

낙동강 개발에 발맞추어 금호강도 물길을 바로잡고
강안을 문화 체육공간으로 활용하기 위해서 공사를 하고 있다.

그 뒤 1597년 옥과현감(玉果縣監)에 임명되었으나 부임하지 않고 이듬해 사임하였다.

1602년에도 연기현감에 임명되었으나 부임하지 않았다. 이후 형조·호조 정랑, 역학교정 등에 임명되었으나 벼슬에 뜻이 없어 모두 응하지 않았다.

구암서원(龜岩書院, 대구시 북구), 청안(淸安, 괴산군 청안면)의 구계서원(龜溪書院)에 제향되었다.

저서로는 《낙재집》이 있다.

이락서당 학계(學契) 발안자와 후손들의 활동

한강·낙재 두 선생의 학문을 이어받기 위해 학계(學契) 결성에 참여한 열한 개 마을 아홉 문중 서른 명의 선비를 살펴보면 문중별로는 성주도씨가 15명(서재 10, 서촌 5), 밀양박씨가 1, 순천박씨가 2, 달성서씨가 2, 일직손씨가 1, 광산이씨가 1, 광주이씨가 3, 전의이씨가 3(상곡 2, 하당 1), 함안조씨가 2명 등 모두 30명이며, 거주지는 모두 11개 마을이다.

이 학계(學契)는 200여 년이 지난 지금까지 후손들에 의해 맥이 이어져 오고 있다. 그동안 이 서당을 거쳐 간 수많은 인재가 대구가 문향으로 자리매김되는 데 큰 기여를 했다. 그러나 안타까운 것은 《대구시사(大邱市史)》나 《달성군지(達城郡

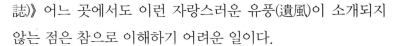

誌)》 어느 곳에서도 이런 자랑스러운 유풍(遺風)이 소개되지 않는 점은 참으로 이해하기 어려운 일이다.

10년이면 강산이 변한다고 했다. 수많은 선비들이 드나들 었던 이락서당은 문턱이 닳고 글 읽는 소리가 끊이지 않았을 것이지만 허물어지고 기울어질 수밖에 없었다. 일제강점기인 1939년 크게 중수하고 그 후 1981년 '이락서당보존회'가 구 성되었으며 1990년에는 9문중의 청장년이 나서서 '이락서당 9문회'를 조직했다.

그러나 1995년 보존회를 다시 '이락서당본당(李洛書堂本 堂)'으로 확대 개편하고 기능을 '당회' '대의원회의' '이사 회'로 3분하고 각기 그 회를 대표하는 당장·의장·이사장을 두기로 해 오늘에 이른다.

200년 동안 이 지역의 교육기관으로서 많은 인재를 양성하 여 조선조 후기부터 일제 강점기를 맞으면서 사회 각 분야에 서 응분의 역할을 했을 수료생들이 많을 것으로 생각되나, 이 에 대한 자료를 접할 수 없음이 매우 아쉬운 점이다. 보존회 가 앞으로 9개 문중과 협의하여 우선적으로 해야 할 일 중의 하나라고 생각된다.

이락서당 계안자(契案者) 30인

성 명	자	호	본관	거주지
도윤모(都贇謨)	乃兼	晩悔	성주	서촌
박경협(朴慶協)	君萬	禮溪	밀양	덕수
박성수(朴聖洙)	士源	三可軒	순천	묘동
이동항(李東沆)	聖哉	遲庵	광주	상지
도필호(都泌鎬)	聖宅	訥灘	성주	서재
이동급(李東汲)	進汝	晩覺齋	광주	상지
이상운(李相運)	天徵	四而軒	광주	슬곡
이규운(李奎運)	向之	矕齋	전의	상곡
도필원(都必元)	景初	魯齋	성주	서재
도헌모(都賢謨)	景範	多悔	성주	서촌
이동필(李東必)	仁甫	臨淵齋	광주	상지
서광천(徐光天)	極初		달성	남산
조택규(趙宅奎)	士貞	芹庵	함안	원대
박광정(朴光正)	子述	濃隱	순천	묘동
도필관(都必觀)	士實	靖圃	성주	서촌
도필중(都必中)	宅相	鋤湖	성주	서재
이정오(李鼎五)	悔伯	聾叟	전의	하당
조진규(趙鎭奎)	叔章	蒼墩	함안	원대
손흥석(孫興錫)	戒則	三亭	일직	수성
이규문(李奎文)	士彬	麗州	전의	상곡
도필복(都必複)	述初	明圃	성주	서촌
도필래(都必來)	泰汝	琴湖	성주	서재
도필정(都必貞)	景成		성주	서재
도순모(都恂謨)	君實	豪觀	성주	서재
서 건(徐 楗)	正陽		달성	남산
도필준(都必濬)	景深		성주	서재
도필호(都必毫)	汝光		성주	서재
도필탁(都必卓)	處中	竹皐	성주	서촌
도필규(都必揆)	士宅	湖隱	성주	서재
도석규(都錫珪)	會彦	錦南	성주	서재

정사실 | 강안문학의 요람 이락서당

이락서당기(伊洛書堂記)

만각재(晩覺齋) 광주인 이동급(李東汲, 1738~1811)의 이락
서당기에 건립 취지와 공사 진행사항, 계원이 지켜야할 사항,
학문하는 태도 등이 잘 표현되어 있어 본문 전문을 우리말 번역
으로 소개하여 이해를 돕고자 한다.

"옛날 하(夏)·은(殷)·주(周) 삼대가 융성할 때에는 사람을
가르치는 교법(敎法)이 잘 갖추어져서 집에는 숙(塾)이 있고 당
에는 상(庠)이 있고 고을에는 서(序)가 있었는데, 이 모두가 인
재를 길러내고 인륜을 밝히고자 함이었다. 후세로 내려오면서
교학이 무너져서 안으로는 국학(國學)이 밖으로는 교원(校院)이
겨우 격식만 갖추고 있을 뿐, 가숙(家塾)과 당상(黨庠)의 법은
텅 비어서 듣지도 못한지 이미 오래다. 생각컨대 우리 성상(聖
上, 정조)께서 인륜도덕이 퇴패됨을 걱정하시어 특별히 가숙과
서당(書堂)을 설치해서 인륜도덕을 밝히도록 윤음(允音)을 내리
시니 그 성지(聖旨)가 매우 간절하신지라 사기(士氣)가 격려되
고 인심이 용솟음쳤다. 이에 박성수(朴聖洙), 이규운(李奎運),
가형(家兄) 지암(遲庵) 공이 동지 여러 벗과 합의해서 자재를 수
집하고 정한강·서낙재 두 선생이 머무시던 달성 파산에 터를
잡았다. 정조 무오(戊午, 1798)년 9월에 착공하였는데 박광정

(朴光正), 도필정(都必貞)이 이 일을 맡아보아 이듬해 모춘(暮春)에 공사를 마쳤다.

무릇 집 규모가 8칸이니 정당(正堂)이 4, 협실이 4이다. 동쪽은 모한(慕寒)이라 하니 한강을 존모하는 뜻이요, 서쪽은 경락(景樂)이라 하니 낙재를 경앙(景仰)하는 뜻이다. 전체의 이름을 이락서당(伊洛書堂)이라 하였는데 이는 이강과 낙수가 서로 만나는 까닭이다. 서당 북쪽에 있는 창벽(蒼壁)을 영귀대(詠歸臺)라 하고 서쪽에 있는 석대(石臺)를 관란대(觀瀾臺)라 하였다. 이 집의 짜임새는 사치하지 않으며, 질박하면서도 비루함이 없고 능히 비바람을 가릴 수 있어 여러 공부하는 사람들을 수용할 수 있다.

지세가 훤하게 틔어서 앞으로는 넓은 들이 펼쳐져 있고, 수많은 산봉우리들이 이 서당을 향해 읍해 오며, 두 갈래의 물이 둘러싸고 있다. 연기와 구름이 변화하는 모양이라든가, 물고기와 새들이 뛰고 날고 하는 모습이라든가, 바람과 달이 빛나고 맑은 자연의 형상이 우리의 공부하는 책상 앞에 갖추어져서, 아침저녁 아름다운 경치에 자신도 모르게 가슴이 맑아지고 상쾌함을 느낀다.

여러 벗들이 술을 갖추고 낙성(落成)의 축배를 들었다. 이 자리에서 모두들 나에게 기문(記文)을 쓰라고 위촉함에, 굳이 사양

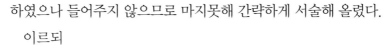

하였으나 들어주지 않으므로 마지못해 간략하게 서술해 올렸다.

이르되

우리 동쪽나라에서는 과거(科擧)로써 선비를 뽑았고, 입신양명(立身揚名)으로 어버이의 이름을 들어냄을 효도의 근본으로 삼으니 과거 공부를 전폐할 수는 없다. 그러나 옛 사람들이 학문을 닦는 데는 내외경중의 구분이 판연하여 하늘과 땅의 거리만큼 차이가 있다. 무릇 이 서당에 들어와서 학업을 닦고자 하는 사람은 이를 올바르게 살피어 그 취사(取捨)를 과감히 결단하고, 바른 길을 향하여 매진하는 정성을 다해야 할 것이다. 밖으로 빗나가는 마음이 급급함을 극복하고 스스로 마음속에서 우러나는 참다운 학문의 탐구에 그 근본을 둔다면, 성상의 거룩한 뜻에 부응할 수 있을 것이다. 이에 우리들은 모두 두 선생의 연원(淵源)을 계승(繼承)한 사람이니, 이는 선생의 연원이 일찍이 이 이락(伊洛)에서부터 비롯하였기 때문이다.

학문을 닦는 단계는 책에 실려 있는대로 분명하고 자상하다. 여러분에게 외우기를 청하노니, 대저 소학(小學)은 학문의 토대요, 대학(大學)은 그 간살이요, 중용(中庸)은 그 총본령(總本領)이다. 먼저 소학으로부터 나아가서, 청소하고 응답하고 대접하는 예절과 나아가고 물러나는 올바른 법도를 굳게 지키어 진실하고 숙달함을 기른다면, 대학은 소학의 성공을 이어 격치성정

(格致誠正)으로써 수신(修身)의 법을 밝힐 수 있을 것이며, 마침
내 이를 모아 중용에서 그 명성중화(明誠中和)의 공(功)을 이룰
것이다. 이런 연후에야 학문을 위한 길이 갖추어지는 것이므로,
학문을 닦는 사람은 그 계단을 따라 힘을 다하여야 하며, 심신
(心身)에 모든 체험을 쌓아서 학문의 실(實)을 구하여야 할 것이
다. 이것이 모두 우리들 선조께서 함께 선생 문하에서 이어받은
바이다.

우리들은 마땅히 이에 귀의(歸依)하여야 하고 이에 종사해야
하며, 가르침의 근본을 깊이 살피고, 학문을 닦는 순서를 따라
야 할 것이다. 즉 연원을 찾아내고 상숙(庠塾)의 교법을 밝힘으
로써 거의 거침없이 이 모든 것을 구현할 수 있을 것이다.

모두가 그렇다고 하므로, 이에 두 선생의 강학입규(講學立規)
를 써서 벽마다 붙여 두고 함께 힘쓰기로 한다."

이락 16경(伊洛十六景)과 이재운(伊齋韻)

삼가헌 순천인 박성수의 아들 금서헌 박광보(朴光輔)가 이
락서당 주변의 풍광을 노래한 이락 16경의 한시(漢詩)가 전해
지고 있어 우리말로 번역하여 소개한다. 그 위치를 일일이 확
인할 수 없음이 아쉽다. 1경, 2경, 3경으로 순번을 붙인 것은
경관의 아름다움의 순번이 아니고, 시제목의 순으로 편의상

필자가 붙인 것이다.

　이외에도 성주인 고오(顧吾) 도상조(都相朝)가 이락서당을
노래한 시 '이재운(伊齋韻)'을 우리말로 번역하여 싣는다.

• 이락 16경(伊洛十六景)

1경 : 평사낙안(平沙落雁)

서풍에 만 리 나른 기러기 나부끼며
금빛 모래 벌에 거꾸러지듯 내려앉네
어쩌면 겨드랑에 넓은 날개 가졌는고
너와 같이 훨훨 세월 편히 살고 저라.

2경 : 원포귀범(遠浦歸帆)

바람통한 머리에 돛단배 떠 있구나
난요(蘭橈)를 저을 적마다 비단무늬 펄럭이네
꽃 그림자 끊어지고 이슬만 내리는데
비갠 뒤의 새 물결이 조금은 불었구나.

3경 : 금성석봉(錦城夕烽)

금성산 마루의 봉화를 바라보며
강산의 옛 모습을 이제 새삼 물어본다

태고에 봉화 없었으니 그 어이 알 것인가
달무리만 어슴프레 옛 일은 아득하네.

4경 : 호촌조연(湖村朝煙)
강촌의 새 아침에 운연(雲煙)이 퍼지는데
장호(長湖)에 한 끝 닿고 또 한 끝은 천공(天空)일세
무심했던 저 강물 문득 다시 바라보니
금강(錦江)도 굽이돌아 낙수에 이었구나.

5경 : 금호야우(琴湖夜雨)
창밖의 어둠 속엔 가을비 소리 들리는데
창공의 서늘함은 나무 끝에 이는구나
새는 날은 정녕코 강물이 높을 지니
소금 배 해질 무렵 풍림(楓林)가에 모이리라.

6경 : 비악청풍(毖嶽晴風)
짙은 안개가 푸른 산경 덮었으니
아침 해가 어느 때 떠오를지 아득하네
푸른 언덕 흰 바위 여기저기 보이더니
어느덧 예와 같이 푸른 빛 드러내네.

7경 : 용연완어(龍淵玩魚)

내 장생(莊生)을 믿어 고기를 몰랐으며
걱정과 기쁨을 헛것이라 속아왔네
촘촘한 은빛 비늘 온몸에 둘렀으니
너른 물 찬 날씨를 한결같이 지내리라.

8경 : 강천모설(江天暮雪)

강촌의 매화꽃이 눈보다 희다더니
백설이 내려 비춰 흰빛이 아니구나
이 오붓한 꽃에다 주연(酒宴)을 마련하여
긴 가락 짧은 노래로 기절(奇絕)을 이뤄보세

9경 : 마탄관장(馬灘觀장)

간밤에 내린 비로 황토물이 불었으니
하늘 땅 아득하고 상하가 분별없네
슬피 우는 갈매기 앉을 곳을 잃었으니
총총히 서둘러 청산으로 물러가네.

10경 : 대야황운(大野黃雲)

앞들의 가을빛이 구름을 이루는데

퍼지는 노래 소리 도처에서 들리누나
풍성한 황금물결 온 들에 부풀으며
물가에서는 소와 말이 어울려 소리친다.

11경 : 장교목적(長郊牧笛)
쇠등의 저 소년 피리를 처음배우나
피리 소리 서툴러도 너에게는 어울리네
입술타고 입이 써도 돌아갈 줄 모르는가
석양의 들새들은 갈밭에서 지저귄다.

12경 : 구포어등(鷗浦漁燈)
고기잡이 배위에 솔가지 모닥불이
드문드문 별들과 우뚝이 겹쳤구나
고기와 어부들이 다 함께 마음 죄니
누가 못하고 능한지 겨뤄보면 알리라.

13경 : 파산추월(巴山秋月)
파산의 동녘 봉이 마침 달을 비추는데
구름 걷힌 벽공(碧空)에는 은하수가 넓어지네
정신을 가다듬고 서루(書樓)에 올라가니

청풍(淸風)이 사람을 덮쳐 추위를 자아낸다.

14경 : 주암춘화(鑄巖春花)
강루에서 비스듬히 주암의 꽃을 보니
화창한 봄빛이 집집마다 어리었다
무형의 태평세월 유형으로 돌아오니
갖가지 화기가 이 한 봄에 가득하다.

15경 : 죽령낙조(竹嶺落照)
하늘가 푸르러서 저녁놀이 비치는데
구름 뚫린 안무는 어이 그리 선교(鮮皎)한고
누가 은분을 뿌려 곱게 수를 놓았는가
요조숙녀의 수레라도 끄는 듯하구나.

16경 : 고도행인(古渡行人)
숱하게 오고가는 노상의 사람들아
세상에 어이 그리 이 강변만 호젓하랴
때를 만나 온갖 만물 번성하고 풍족하길
노래지어 성신 앞에 정성으로 비려하네.

• 이재운(伊齋韻)

햇버들 서늘하게 낮 그림자를 이루는데(門柳微凉午影生)
때마침 귀한 벗들 깊은 정 노래하네(時來高會敍幽情)

아홉 문중 옛 정의 돈독히 다지면서(九家舊誼修敦重)
네 자리 둘러 앉아 시를 읊어 어울린다.(四座新詩假善鳴)

십리 벌 연하(烟霞)는 3월 풍광 곱게 하고(十里烟霞三月好)
큰 강에 어린 구름 일루(一樓)를 밝게 하네(大江雲物一樓明)

한가로운 원예사 남은 경관 가꾸는 듯(爲將閑橐收餘景)
언덕의 새, 두렁의 꽃이 각색으로 조화일세(岸鳥堤花各色平)

맺는 말

강창(江倉)은 물길로 세곡(稅穀)을 나르고 소금배가 오고간 교통의 요지로서, 풍광이 뛰어난 파산자락에 이락서당을 설립하여 선현의 학풍을 이어 이 지역에 문풍을 일으켜 왔다. 그러나 근대화의 물결에 밀려 서당에서는 글 읽는 소리가 끊어지고 사람들에게 잊혀져갈 무렵 후손들이 보존회를 만들어 서당을 개축하고 이락서당이 배출한 인물을 추적하여 그분들의 학문과 문풍을 재발견하려는 움직임이 있어 기대가 크다.

이와 때를 맞추어 낙동강 살리기 사업이 본격적으로 추진되면서 이웃한 강정에 강정보(江亭洑)를 만들어 고령 다산지역을 연결하고 시민들에게 아름다운 휴식공간을 만들고 있으니 그 분위기가 기다려진다.

낙동강 살리기 사업 중에서 가장 규모가 큰 강정보를 건설하고 있는 모습.
대구 달서구와 고령 다산을 연결하는 교량을 건설하여 두 지역을 연결하는 교통로를
확보하고 아름다운 수경을 즐길 수 있는 위락시설도 건설하여
대구시민의 휴양지가 들어설 계획이다.

강정(江亭)은 낙동강과 금호강이 합류하는 곳으로서, 그 옛날 수운(水運)의 요지로 역할을 한 강정진(江亭津)에는 수많은 선박이 정박하여 문전성시를 이루었다. 또한 신라시대에

지어진 부강정(浮江亭)이라는 정자가 말해주듯 아름다운 풍광을 자랑하여, 수많은 선비들에게 사랑을 받았다.

산업화 과정에서 공장에서 쏟아내는 폐수로 강물이 썩고 상류에 댐을 막아 포항지역으로 물길을 돌려 유지수가 부족해진 금호강은 한때 전국에서 가장 오염된 강으로 낙인이 찍혔다. 그러나 대구시가 막대한 재원을 투자하여 하수정화시설을 하고 임하댐의 물길을 터널로 이어 금호강 살리기에 전력을 기울인 덕분에, 이제는 강태공들이 몰려들고 철새와 수달이 서식하는 청정 수역을 되찾았다. 아울러 이락서당에서 바라보는 십리벌의 넓은 들에 공단이 들어서고 죽곡벌은 고층 아파트가로 변신하고 있다.

강정보(江亭洑)가 완성되고 부강정(浮江亭)을 재건하여 이락서당과 조화를 이룬 그림을 그려본다. 성서산업단지의 근로자와 죽곡벌에 새로운 둥지를 튼 시민들, 그리고 이락서당을 창건한 선현들의 후학과 후손들이 함께 어우러져 이 지역에 새로운 강안문화(江岸文化)가 부활되기를 기대한다.

한강 정구와 대구

홍 종 흠

- 전 매일신문사 논설주간, 대구광역시 문화예술회관장
- 저서 『선』(1974), 『대구의 앞산』(2001), 『대구의 뿌리
  壽城』(2008)

한강 정구와 대구

　서호(西湖)는 금호강 하류를 일컫는 별칭이다. 서재(鋤齊) 도여유(都汝兪) 선생의 호에서 빌려 마을 이름을 붙였다는 서재리 마을 사람들은 예로부터 이 동네 서쪽의 금호강이 중국의 가장 아름다운 호수 서호처럼 빼어난 경치를 가졌다고 생각했던 것이다.

　여기는 금호강이 낙동강으로 흘러들어가는 곳인 만큼 강폭도 넓어 호수를 연상시키고 주변의 산세도 수려했기 때문이다. 18세기말과 19세기 초에 걸쳐 서재리에 살았던 성균진사 도석규(都錫珪) 선생은 아름다운 경관에 매료된 나머지 이곳을 서호라 이름 짓고 자신의 호도 서호로 하면서 이 지역의 명승지 열 곳을 골라 '서호병 10곡'을 시로 지어 지금까지 전하고 있다.

그러나 금호강 상류의 영천댐에 막혀 강물의 수량이 줄어들고, 강줄기를 따라 주변의 개발과 함께 길이 나고 철로가 놓이는 등 경관이 변해버린 요즘은 당시를 상상하며 아쉬움을 달랠 뿐이다.

그 가운데 조선조 중기 이후 대구정신의 원류를 형성했던 한강(寒岡) 정구(鄭逑) 선생이 말년에 기거했던 10곡의 사수빈(泗水濱)과 세상을 관조하며 산책했던 9곡의 관어대(觀魚臺)는 지금도 당시의 경치를 짐작케 하고 한강 선생의 옛 자취를 느끼게 한다. 그러나 한강 선생이 생애를 마감했던 사수빈은 택지개발을 위해 동네 전체가 철거되고 파헤친 흙더미와 건설장비가 흩어져 여기가 언제 서호 10경의 하나로 선비들의 상찬을 받았는지 의아스러울 따름이다.

그러나 다시 한번 서호병 10곡 중 9곡의 사수빈을 읽어보면 비록 개발로 훼손됐지만 강과 산과 마을을 에워싼 숲의 윤곽에서 왜 이곳이 그렇게 풍광이 빼어났는지 심상에 그윽한 한국화 한 폭이 그려진다.

열 굽이, 사수가에 배를 매니
크고 넓은 우리 도학이 만년토록 새롭구나.
새와 고기가 활발함에 천기가 정해지고
완연히 그 가운데 있으니 성인에 이르렀구려.

十曲維舟泗水濱
汪洋吾道萬年新
翔鱗活發天機定
完在中央至聖人

한강 선생이 인생 끝자락을 사수에서 마무리할 때를 생각하며 이곳 경관을 읊조린 이 시는 서호 10곡의 마지막으로 강물의 양양한 흐름을 공자로부터 한강에 이르는 도학의 물줄기에 빗대어 노래한 듯하다.

한강은 사수의 강물에 노니는 물고기와 물위를 나르는 새들의 활기찬 모습에서 우주의 이치를 간직한 하도낙서(河圖洛書)를 상상하면서 성인의 경지에 이르는 깨달음을 얻었다는 것일까. 실제 한강은 이곳에서 손수 하락도(河洛圖)와 태극도(太極圖)를 그려 병풍을 만들고 임종 때도 거처했던 지경재에 두었다고 전한다. 지금은 사수동 앞 넓은 신작로인 서재로와 금호강의 제방이 건설되는 바람에 제방 밑으로 금호강에 나가는 길이 뚫려 있지만 사수동에서 강가의 모래 벌을 보는 경관은 이미 사라져 버린 지 오래다. 더욱이 택지개발 공사로 황량한 사수동과 강 건너 경부선 철로는 와룡산의 오묘한 모습마저 일그러져 보이게 한다.

그러나 한강 선생이 사수동을 만년의 터전으로 삼았던 까닭이 이 10곡의 시에 감춰져 있는 것 같아 공연한 생각이 날개를 편다. 공자가 살았다는 노나라의 사수(泗水)지역은 지리적으로 공자의 삶과 사상을 상징한다. 공자를 흠모해온 한강으로서는 만년에 사수라 이름 지은 이곳에 사는 것이 성리학

1651년 (효종 2)북구 사수동에 세워진 것을 1694년(숙종 20)칠곡 지천 신리로 이건한 사양서당

자로서는 가장 이상적인 거주지였을 것이다. 성리학의 바탕이 되는 주역을 죽간으로 만든 책의 가죽묶음이 세 번이나 닳아 끊어질 정도로[韋編三絕] 숙독을 했다는 공자의 주역사랑을 한강 선생 역시 깊이 간직했음은 말할 것도 없으리라.

도학이 강물처럼 흐르는 것을 성산향교의 누각에는 "이천(伊川)은 흘러 사수에 이어진다."는 옛 사람의 글귀로 써 붙였는데 한강 선생은 평소 이 글귀를 좋아했다고 전한다. 중국 춘추전국시대의 사수는 노나라 노성의 북쪽을 흐르는 강으로 공자가 이 강 주변에 살았고 그 지역에 묻혔다. 공자가 묻힌 곳을 사상(泗上)이라 했고 공자의 제자를 사상제자라 불렀던 것은 바로 사수가 공자와 공자의 도학을 상징하는 것으로 보았기 때문이다.

금호강 하류의 지명 가운데 이천(伊川)과 이천동(伊川洞)이 있고 사수라는 지명이 있는 것은 이곳이 성리학의 꽃이 핀 지역임을 뜻한다. 중국의 이천(伊川)은 성리학을 창시한 주자(朱子, 朱熹)의 거주지였던 신안(新安)의 서쪽에서 동으로 흘러 낙강(洛江)으로 들어가는 강이다. 그래서 이천은 바로 송대(宋代)에 이천(伊川)이란 호를 지닌 정이와 주희의 성리학을 상징하는 것이다.

이곳에 있는 이락서당(伊洛書堂)에선 한강 선생이 직접 강학을 했고, 이강서원(伊江書院)에선 그의 제자인 서사원(徐思遠)이 강학을 했던 사실과 그 뒤 많은 그의 문도들이 이곳을 근거로 학문 활동을 했던 것은 이들 지명이 허명이 아님을 말해준다.

이곳을 왜 사수라 했으며 한강은 왜 여기로 이주하게 되었을까. 사수란 이름을 붙이게 된 사연을 상세히 알 수는 없겠으나 공자의 사상과 삶을 상징하는 뜻을 담았음은 분명한 것 같다. 현재의 사수동 앞에는 금호강이 흐르고, 강 건너 산은 와룡산(臥龍山)이라 했다. 이러한 지리적 상황으로 여러 가지 추론을 해볼 수도 있을 것이다.

공자가 가장 즐겨 읽었다는 주역 건괘(乾卦)의 구이효(九二爻)를 보면 '견룡재전(見龍在田) 이견대인(利見大人)'이라 했다. 이는 "나타난 용이 밭에 있으니 대인을 보는 것이 이롭다."고 해석된다. 공자는 이 효사에 주석을 달기를 "성인이 덕이 있으나 바르게 맞도록 해야 하는 것이니[正中] 항상 말을 함에는 신의로써 하며, 항상 행함에는 근신하여 사악을 막고 성(誠)을 지키며 착한 일을 해도 자랑하지 않으며, 덕을 널리 베풀고 교화하는 것이 역(易)에 이르기를 견룡재전, 이견대인이라 하니 이것은 군자의 덕이다."(子曰 龍德而正中者也 庸言之信 庸行之謹 閑邪存其誠 善世而不伐 德博而化 易曰 見

龍在田 利見大人 君德也)라고 했다.

사수빈 일대의 경관을 보면 강을 건넌 큰 들판에 용이 나타나 따리를 틀고 앉은 형상이다. 이는 견룡재전(見龍在田)의 모습 그대로이고 바로 군자의 덕을 나타내는 상징으로 볼 수도 있다. 이 같은 지세로 보아 공자와 같은 덕을 갖춘 군자가 기거하는 곳이라 해야 합당하지 않겠는가. 한강 선생이 이곳에 살게 된 것을 우연이라고만 할 것인가.

사수에 살게 된 한강은 예학에 대한 저술활동과 제자들을 가르치는 일에 열중하는 한편 병고와 정치적 탄압 등으로 고뇌에 사로잡힌 날들을 산책과 명상을 하며 주위의 여러 지역을 소요했던 것 같다. 그 중에서도 사수동에서 금호강 쪽을 보면 오른 편의 나지막한 산등성은 강을 내려다보고 낚시하는 이들과 물속에 노는 고기들을 보며 사색하는 이들에게 운치가 있는 곳이다. 현재 지천 철교가 놓인 북편의 절벽이 금호강과 마주쳐 이룬 소(沼)와 접하고 있는 관어대(觀魚臺)가 바로 그곳이다.

아홉 굽이, 강에 이르러 대를 만들지는 않았으나
낚싯대 드리운 봄 강물이 거울 같구나.
사물을 보고도 이치를 깨치지 못하니

선생 가신 후에 찾아온 것이 가장 한스럽구나.

九曲臨江不作臺
一篙春水鑑如開
觀魚不達觀魚理
最恨先生去後來

　서호 10곡 가운데 금호강이 낙동강과 합류하는 지역의 언덕에 건립되었던 부강정(浮江亭)을 1곡으로 하고, 상류로 거슬러 오다가 9곡에 이르러 절벽 아래 깊고 맑은 물이 넓은 소를 이루는 곳을 만난다. 절벽이 솟아있고 한가한 어옹이 낚싯대를 드리우고 있는 장면은 마치 선경에 이른 것 같은 착각에 빠지게 한다. 그러나 사방의 이치를 볼 수 있는 대(臺)를 만들지 못해 거울 같은 봄 강물만 보았을 뿐 낚시하는 강태공의 깨달음을 알지 못했다는 것인가. "고기를 보되 고기를 보는 이치를 통달하지 못했다.(觀魚不達觀魚理)"는 것은 곧은 낚싯대를 드리우고 물에 노니는 고기를 관조하면서 육도삼략(六韜三略)의 세상경륜을 얻어낸 강태공의 깨달음과 자신의 미숙함을 비교했을지도 모를 일이다. 이 관어대에서 물고기를 보면서 세상을 관조했던 한강 선생에게 배움의 기회를 얻을 수 없는 후학의 아쉬움만 한스러웠을 것 같다.

관어대는 주변 경관이 철로 등으로 변형되기는 했으나 그때의 넓은 소와 바위 절벽은 그대로 있어 지금도 찾는 이의 감회를 새롭게 한다.

서호 선생이 10곡을 노래하면서 한강의 자취가 서린 관어대와 사수빈을 9곡과 10곡으로 하여 대단원의 마무리를 지은 것은 원림문화(園林文化)의 정신적 면모를 확실하게 보여준 것이다. 원림문화는 주자가 살았던 무이계곡(武夷溪谷)을 9곡으로 만들면서 시작되었다.

성리학을 조선에서 발전적으로 꽃피운 퇴계 이황은 주자를 흠모한 나머지 무이 9곡을 본받아 자신이 살았던 안동 예안 지역의 낙동강 유역에 도산 12곡(陶山十二曲)을 정하면서 조선조의 원림문화가 태동했다. 그 뒤 많은 곳에서 이 같은 9곡 · 10곡 · 12곡 등 숱한 원림이 형성되었고, 그중에서도 영남학맥이 깊이 뿌리내린 경상도에 가장 많이 만들어졌다.

특히 한강이 태어나서 가장 오랜 세월 학문 활동을 해왔던 성주 지역의 낙동강 지류 대가천에 조성했던 무흘 9곡(武屹九曲)은 현재까지 남아있는 빼어난 원림 중의 하나다. 그가 젊은 시절 제자를 가르치고 저술을 했던 회연서원(檜淵書院) 뒤 야트막한 바위산인 봉비암을 1곡으로 삼아 이 지역에 백

그루의 매화를 심어 백매원이라 부르고, 9곡까지 한곳한곳 그의 자취를 심어놓은 것은 지금도 경건한 감동을 갖게 한다. 특히 말년에 사수빈으로 이거한 직후 무흘 9곡을 못 잊어서인지 금호강 하구를 자주 선유했고 마침내 낙동강을 종유하는 봉산욕행을 하기에 이른다. 한강의 이런 자취가 후학에게 영향을 주어 서호병 10곡을 낳게 한 것 같다. 서호 선생이 금호강 하류에 원림을 조성하면서 한강의 숨결이 남아있는 이곳을 경관 이상의 정신적 상징으로 승화시키려는 뜻을 보이고 있는 것은 한강의 후학으로는 너무나 당연한 일이다.

그렇잖아도 주자로부터 시작된 원림문화는 풍광의 아름다움도 형성의 조건이 되지만 1곡에서부터 단계를 높여가면서 풍광이 가지는 정신과 사상의 의미도 깊이를 더해가는 멋을 가지고 있다. 서호 10곡도 이 같은 원림문화의 전형에 걸맞게 경관에 적절한 의미부여를 하고 있다. 한강의 사상과 철학·덕행을 상징하는 관어대와 사수빈을 10곡의 풍광 가운데 가장 아름답고 도학적 상징성이 높은 곳으로 설정했다. 그 앞의 풍광들은 제자들의 학문이 스승의 업적을 풍성하게 하는 것으로 순차를 만들었던 것이다.

그러나 후학들에 의해 이같이 존숭 받고 있는 한강 선생이 고향인 성주를 떠나 사수동에까지 우거하게 된 사정은 그렇게 순탄하지 않다. 그는 벼슬살이를 하면서 외직을 수행할 때 객지생활을 한 것 외에는 주로 고향 성주에서 살았다.

그러나 광해군이 들어선 후 북인이 집권하면서부터 남인인 그에게 가해지는 박해는 이만저만이 아니었다. 자신의 문하생이었던 박이립이 북인들의 사주로 한강에 대한 모함 상소를 올려 오랫동안 괴롭힌 것을 비롯해 남명을 추존하기 위해 퇴계를 폄훼하는 북인 정인홍의 집요한 공격에 고향을 떠난다.

1612년 70세의 한강은 팔거현 노곡(현 칠곡군 왜관읍 낙산리)으로 이사를 하게 된다. 여기서도 이사 온지 2년만인 72세 되던 해에 새로 지은 집이 화재를 입게 되는 바람에 충격을 받

1627년(인조 5) 한강의 학문과 덕행을 추모하기 위해 세운 회연서원(경북 유형문화재 제 51호)

게 된다. 다시 이사를 할 수밖에 없는 처지에서 노곡에서 동쪽으로 수 십리 나아간 사수빈(현 대구시 북구 사수동)으로 집을 옮겼다. 그는 부득이 이거를 했지만 이곳에서 10년 전부터 구상했던 도학적 이상을 구현하는 집을 지었다. 그리고 1617년 금호강 하구인 서호의 지암에서부터 낙동강 하구까지 배편으로 동래온천을 다녀오는 봉산욕행(蓬山浴行)을 실행했다. 낙동강 종유를 통해 연안의 제자들과 회합하는 등 영남학맥의 맹주임을 보여주는 일생의 바람을 이루었던 것이다.

사수빈에 집터를 잡고 사수의 주산에 제사를 올리고 몸소 집짓는 일을 하면서 사양정사(泗陽精舍)를 완성했다. 사양정사는 넓은 들이 산으로 둘러싸인 분지에 건립됐는데 3칸의 경회당(景晦堂)을 본당으로 하고 그 옆에 지경재(持敬齋)·명의재(明義齋)·망로헌(忘老軒)이 딸려있다. 이 마을 남쪽에는 군자담(君子潭)과 어영담(魚泳潭)이 있었고 못 위에는 대를 만들어 포금대(抱琴臺)라 명명한 뒤 비바람을 가리기 위한 초옥을 지으려했으나 이루지 못했다.

사수로 이사한 뒤 본격적으로 대구권의 제자들을 양성했는데 이 때 주로 손처눌의 주선으로 무태의 연경서원에서 강학했다.

한강은 사양정사를 완성한 1년 후 전년의 화재로 인한 충격

때문인지 중풍으로 쓰러지게 된다. 가까스로 회복된 몸으로 산책과 저술활동을 했지만 78세가 되던 이듬해 정월 세상을 떴다. 한강은 생애를 통해 학문적으로는 대구에 많은 제자를 두는 등 인적 관계는 진작부터 맺어왔으나, 지역적으로는 불우한 말년에야 비로소 대구와 인연을 가졌다.

한강의 학통은 조선조 18현이며 조선 유학정치의 표본적 도학자로 손꼽히는 김굉필 선생의 외증손으로 그의 학문을 이어받았고, 영남학맥의 2대 학단인 퇴계 이황 선생과 남명 조식 선생에게 직접 수학했다. 이 같은 사실은 한강이 사실상 영남학맥을 통합한 위대한 인물임을 말해준다. 그가 후대에 끼친 영향은 임진왜란 이후 사회질서의 확립과 민심의 안정에 필요한 예학을 비롯해 학문과 사상적 이념을 제공했고, 특히 이익과 정약용으로 대표되는 근기(近畿)실학을 탄생시킨 역할을 하게 된다. 지금도 조선의 실학이 한국 근대화의 사상적 뿌리가 되고 있음을 생각하면, 퇴계학통과 남명학통의 바통을 이어받아 이같이 엄청난 학문적 역할을 해낸 한강이야말로 민족의 위인으로 기려야 할 분이다.

특히 한강이 대구에 끼친 영향을 본다면 단순히 말년에 사수빈에 우거한 인연 때문만이 아니다. 그의 학통은 남명학단으로 보면 인조반정 이후 정인홍을 비롯한 북인세력의 몰락으

로 그 흐름 자체가 끊어졌지만 한강을 통해 한 가닥의 흐름이
남게 되었다고 할 수 있다.

한강이 만년에 머물며 집필활동과 제자양성에 힘썼던 사수,
마을전체가 택지개발지구에 포함되었다.

　　퇴계학단으로 보면 한강학파라는 한줄기 문파(門派)를 창시
한 학자로 분류된다. 퇴계학단의 문파로는 서애 유성룡·학봉
김성일과 한강 등으로 3분류되는데 그 중 한강문파가 근기의
남인 실학으로 이어지는 것이다. 한강 당대의 뛰어난 문인으
로는 서사원(徐思遠)·송원기(宋遠器)·손처눌(孫處訥)·한준
겸(韓浚謙)·문위(文緯)·장흥효(張興孝)·이윤우(李潤雨)·
허목(許穆)·황종해(黃宗海)·장현광(張顯光) 등을 손꼽는다.

이 가운데 손처눌과 서사원은 대구의 서쪽과 동쪽에 살면서 대구사회의 정신적 지주 역할을 했던 학자들이다.

나중에 대구에 와서 살게 됨으로써 대구에 더 큰 영향을 주기도 했던 한강과 더불어 세 분의 사제가 남긴 학풍은 임란(壬亂) 이후 한말에 이르기까지 대구 지역 학문과 사상의 주류를 형성했다. 회연급문록에 나오는 대구출신 한강문인은 342명 중 32인에 달한다.

인조반정 이후 한강문인으로 등록된 17세기 전반 대구지역을 대표하는 사림으로는 손처눌·손처약 형제를 중심으로 한 일직손씨, 채몽현·채몽린 등을 중심으로 한 인천채씨, 서사원을 중심으로 한 달성서씨, 도경유·도언유를 중심으로 한 성주(팔거)도씨 등을 들 수 있고, 이윤우를 중심으로 한 칠곡의 광주 이씨, 곽재겸·곽주를 중심으로 한 현풍곽씨 등을 손꼽을 수 있다.

대구 학통은 퇴계와 남명으로 이루어지는 영남학맥 가운데 퇴계-정구 문파에 속한다고 할 수 있다. 특히 조선조 초기에 대구에 학문하는 인재가 드문 것을 안타깝게 여긴 서거정 선생의 지적대로 임란 무렵까지 학문하는 분위기가 침체된 상태였다.

조선 중기 들어 한강이 대구권 제자들을 양성하고 이들이

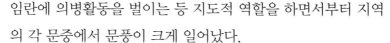

임란에 의병활동을 벌이는 등 지도적 역할을 하면서부터 지역의 각 문중에서 문풍이 크게 일어났다.

특히 임란 당시 왜군의 주 통로였던 대구가 가장 많은 피해를 입었던 만큼 지역의 사림들이 재건을 위해 다각적 노력을 기울였다. 이들 사림들은 임란후의 혼란상을 극복하기 위해서는 향교의 건립 등 교육의 진흥을 가장 시급한 것으로 보았고 교육 내용으로는 예교(禮敎)를 가장 중요시했다. 이 때문에 남인 예학의 선구자였던 정구의 학문은 지역사회의 지도이념이 되었다.

대구정신을 말한다면 신라와 고려에 걸쳐 창건된 불교사찰을 중심으로 한 고승대덕의 사상과 조선조의 유림 학자들의 사상을 내세울 수 있고 일제강점기와 건국 이후에는 독립정신과 민주정신을 들 수 있을 것이다. 그러나 구체적인 영향력과 그 정신이 아직도 각 문중별로 살아있는 것은 한훤당 김굉필과 한강 정구, 그 문인들의 사상일 것이다. 특히 한강이 대구에 끼친 영향과 시대적 역할을 본다면 한강의 사상이 바로 대구 정신이라 해도 지나치지 않을 것 같다.

서호 10경을 읊은 서호 선생도 도씨문중의 후예이니만큼 한강의 정신과 사상을 누구보다 존숭했을 것이고 이 때문에 한강이 우거했던 지역에 한강을 기리는 깊은 뜻을 담은 원림문화를 건설했을 것이다. 사실 한강의 학문은 그 깊이와 넓이가 조선조의 영남 일원에만 머무르는 게 아니다. 한국근대화의 뿌리인 실학을 낳아 지금까지 우리의 정신과 맥락이 닿아 살아 숨 쉬고 있다. 그런 의미에서 서호 10경은 대구 유일의 원림(園林)이며 대구정신의 상징일 뿐 아니라 한국 근대사상의 상징적 명소임이 분명하다.

다만 이곳이 개발로 훼손되어 옛 풍광이 황폐해가는 한스러움을 떨쳐버릴 수 없다. 어떤 방법을 고안하든 이곳을 보전하는 운동을 벌여야 할 것이다.

금호강의 소리

강 재 형

- 전 대구광역시 보건환경연구원장, 공학박사
- 저서 『상수도 수질관리』(1992)
- 현 대구광역시의원

금호강의 소리

　결혼 초에 그 여자는 연애시절 부드러운 남편의 목소리가 너무 좋아 결혼을 했고, 실제로 사랑이 담긴 남편의 목소리를 들을 때가 참 좋았다고 한다. 그런데 애가 생기고 생활이 바빠지면서 차츰 남편의 목소리도 변해갔다. 빨라지고, 강해지고, 신경질적이라고 종종 불평을 늘어놓았다. 이제 자식들을 결혼시키고 직장에서도 은퇴하고부터는 목소리에 옛날의 부드러움이 배어나고 있다고 한다.

　금호강!
　강변의 갈대 잎이 바람에 따라 비파소리를 내고 흐르는 물은 호수처럼 맑고 잔잔하여 금호(琴湖)라 하였다. 누가 불러준 이름인지 아름답기 그지없다. 그 금호강의 소리는 어떻게 변해왔을까. 얼마나 거칠어졌으며 또 얼마나 부드러워졌을까.

금호강의 발원지는 포항시 북구 죽장면 가사리 남쪽 계곡이다. 가사천 · 자호천 · 하거천 · 자양천 · 상신천 · 임고천 등은 금호강 상류지천이다. 본류지천으로서 고촌천 · 고경천 · 신녕천 · 대창천 · 청통천 · 오목천 · 남천 · 동화천 · 신천 그리고 마지막으로 달서천이 유입되어 낙동강에 합류된다. 발원지에서 강정 나루터까지는 118km이다.

가사리계곡의 물방울이 모여 이 먼 거리를 흐르면서 내는 소리는 사실 갈대 소리만이 아니었을 것이다. 이른 봄에는 밭두렁에서 나물 캐는 아낙네의 숨소리, 막 잠에서 깨어나 개굴거리는 개구리소리, 논밭에서 쟁기질에 힘겨워하는 어미 소의 울음소리, 젖 달라며 '음매–' 하는 송아지의 외치는 소리도 강은 들었을 것이다. 여름에는 김을 매는 농부의 땀내 나는 소리, 숲속의 매미소리, 가을에는 탈곡기의 윙윙거리는 소리, 추운 겨울에는 먹이 찾는 철새들의 재잘거리는 소리도 강물은 들었을 것이다. 뿐만 아니라 청통유원지, 동촌유원지, 강정유원지에서는 유랑객의 노랫소리도 사시사철 들었을 것이다. 그러나 이들 소리는 언제 들어도 즐겁고 싫증나지 않는 그리운 소리다.

1970년대에 들어 산업화가 시작되면서 금호강은 이전과 다른 아픈 소리를 내기 시작하였다.

금호강이 아픈 소리를 내도록 한 첫 번째 주역은 지금은 없어진 시지의 동양염공, 반야월 연료단지, 북구 삼공단, 비산 염색공단 등이었다. 이들 단지에서 산업폐수를 마구잡이로 흘려보냈기 때문이었다. 강이 시커멓게 죽어가니까 정부에서도 깜짝 놀라 법령을 만들어 대책을 세웠다. 종전에 위생법 안에 있던 공해방지조항을 대신하여 새로운 환경보전법을 1978년에 제정하고 1979년부터 시행에 들어갔다. 주요골자는 산업체에서 폐수를 처리하여 배출하도록 하고 배출허용기준을 규정한 것이었다.

한 가지 기준을 소개하면 모든 산업체를 대상으로 BOD(생물학적 산소요구량)의 배출허용기준을 150ppm이하로 고시하였다. 현재는 허용기준을 강화하여 폐수배출량에 따라 30ppm부터 60ppm까지 차등 적용 받도록 하고 있다. 생물학적 산소요구량은 물속에 있는 오염물질을 미생물이 분해시킬 때 요구되는 물속의 산소량을 말하는 것인데, 물이 많이 오염되면 이를 분해시키기 위해서 미생물이 많아야 하고 미

낙동강과 금호강이 합류하는 곳, 오른 쪽 물줄기가 금호

생물이 많으면 미생물이 호흡할 수 있는 산소가 많아야 한다. 사람도 호흡하지 못하면 죽듯이 물속의 생물들도 물속에 산소가 없으면 죽게 된다.

1980년대에는 매년 금호강에서 물고기의 떼죽음이 언론에 보도되곤 했다. 이렇게 금호강이 죽은 강이 된 두 번째 주역은 1980년에 준공된 영천댐이었다. 댐을 막아 금호강으로 내려오는 물을 안계댐으로 보내어 포항공단에서 사용하게 했던 것이다. 금호강에는 유량이 줄고 그나마 흐르는 물도 공장 폐수가 대부분이었다 해도 과언이 아닐 정도였다. 1984년 금호강 하류인 강창교의 BOD농도가 무려 114ppm이었다. 지금은 산업체에서 배출하는 폐수도 100ppm을 초과하는 경우가 거의 없을 것이다.

이렇게 금호강이 죽음의 소리를 낼 때 사람들은 편안했는가! 그렇지 않았다. 금호강을 잘못 대접하여 막말로 곡소리 낸 사람이 적지 않았다. 감옥살이 한 사람, 배출부과금 때문에 망한 사업가, 직장을 잃은 사람 등 한두 사람이 아니었다.

이들 중에 특히 지금도 가슴 아프게 생각나는 분이 있다. 그분은 내가 공무원으로서 처음으로 상사로 모셨던 분인데 1988년에 사무관으로 승진한 후 3년이 지났을 때다. 비산염색공단에서 사고가 났다. 배출구를 통하지 않고 폐수를 배출시킨 것이 발견된 것이다. 그것이 문제가 되자, 관리감독 책임을 물어 공직을 그만두게 되었다.

금호강이 이러한 소리를 낼 때 낙동강은 듣고만 있었겠는가! 그렇지 않았다. 금호강보다는 다소 늦게 소리를 내기 시작했지만, 한번 소리를 내기 시작한 낙동강은 금호강의 소리와는 비교할 수 없을 정도로 요란한 소리를 냈다.

시작은 1991년 3월 16일 구미공단 D산업체에서 페놀이 유출되어 일어난 페놀 오염사고였다. 이 사고는 나라 전체를 뒤흔드는 소리를 내었고 세계적인 대형 수질오염사고로 기록되고 있다. 그 당시 대구시의 1일 상수도 생산량은 두류정수장에서 31만 톤, 매곡정수장에서 80만 톤으로서, 낙동강 수계가 전체 생산량의 91%를 차지하였다. 대구시민의 91%가 페놀에 오염된 수돗물을 먹은 것이다.

시민들의 빗발치는 소리는 오염된 수돗물을 공급한 대구시에 피해를 배상하라는 것이었다. 배상요구건수는 무려 13,455건에 달했다. 그 중 음식물 피해건수가 가장 많았고, 임산부 121명도 피해 배상을 요구했다. 이 중 11,182건에 대해 11억 원을 배상하였다. 인공유산을 한 임산부 28명에 대해서는 1인당 35만원을 배상하였다.

사고의 전말은 단순하다. 페놀은 냄새를 유발시키는 물질인데, 수돗물에서 냄새가 난다는 시민들의 신고를 받은 정수장에서 평소보다 더 많은 양의 염소를 투입하였다. 문제는 페놀과 염소가 결합하면 클로로페놀이 생성되는데 클로로페놀이 결합전보다 1,000배 정도 강한 냄새를 발생시킨 것이었다. 이렇게 된 이유는 그 당시 수돗물 원수·정수 검사에서 페놀은 검사 대상에서 제외되어 있었기 때문이었다.

이로부터 한 달 후인 4월 22일 또 D산업체에서 페놀을 유출시켜 2차 페놀오염사고가 발생되었다. 다행히 2차는 유출시킨 후 바로 사실을 신고하여 대구시가 대비를 할 수 있었다.

그때 나의 직책은 보건환경연구원 환경연구부장이었다. J부시장의 긴급명령을 받고 바로 매곡정수장으로 달려갔는데 정수장으로 오염상황을 묻는 전화가 끊임없이 오고 있었다. 페놀 검사는 물을 끓여 증류액을 받아서 하는데 두 시간 정도 소요된다. 나는 그렇게 해서는 상황을 바로 판단할 수 없고 긴급 상황에서 신속히 대처할 수도 없다고 판단하여, 규정에 얽매이지 말고 증류 대신 여과하여 10분 만에 검사하도록 하였다. 10분마다 구미에서부터 페놀이 유하되는 지점을 시간대 별로 정확히 체크하여 페놀이 취수장에 도달했을 때 취수를 중단시켰다. 그리고 페놀에 오염된 물이 완전히 취수장을 빠져 나갔을 때 취수를 재개하도록 하였다. 그 동안 정수장에서는 페놀이 내려오기 전에 수돗물 생산을 최대한 많이 하여 급수 중단이 없도록 하였다.

언론에서 사회면 톱으로 보도되었고 위로부터도 잘 대처했다는 과분한 격려를 받았다. 하룻밤을 새우고 저녁에 집으로 돌아갈 때, 나는 전쟁에서 승리한 기분을 느꼈을 만큼 긴장했던 기억이 새롭다. 그 무렵 40대 초반에 4급 기관장의 직책도 받았다. 당시의 시장님은 현재 국회의원이신데, 나는 같은 지역의 시의원이다. 잊을 수 없는 일이고 잊을 수 없는 분이다.

페놀사고 이후 낙동강에서는 위급한 소리가 계속되었다. 2004년 1월 1.4다이옥산 오염, 2006년 7월 페클로레이트 오염, 2008년 3월 페놀오염, 2009년 1월 1.4다이옥산 오염 등

실험실에서의 한때

모두 상류의 공단에서 유출된 오염물질로 인해 발생된 사고였다. 이러한 반복되는 오염사고로 인한 대구시민들의 근심과 질타의 소리를 근원적으로 해결하기 위해, 대구시에서는 '경북·대구권 맑은물 공급사업'을 추진하고 있다.

내용은 대구·구미·상주·고령·칠곡·김천 등 7개 지역의 상수원수 취수장을 구미시 도개면 일선교 지점에 설치하려는 것이다. 그러자 이번에는 구미지역에서 반대의 소리가 크게 울리고 있다. 취수원을 구미 상류로 옮기면 구미 하류의 낙동강 유량이 감소하여 수질오염 총량관리에 문제가 되고, 또 취수원 이전에 따른 상수원 보호구역 지정으로 개발에 제한을 받는다는 것이다. 이에 대해 대구지역에서는 그러면 더 이상 구미공단을 확장하지 말고 공단 내의 오염물질 배출업체를 하류지역으로 옮기라고 소리를 내고 있다.

반면에 금호강에서는 1995년을 기점으로 신음의 소리가 생명이 살아나는 희망의 소리로 바뀌기 시작했다. 내가 상수도본부 수질검사소장으로 재직할 때였다.

나는 머릿속으로 금호강은 죽은 강이고 하수구나 다름없다고 생각하고 있다가 강창교의 수질검사 성적서를 보고 깜짝 놀랐다. 수질이 생각보다 훨씬 좋았던 것이다. 실험을 잘못한 것이 아닌가 하고 실험자에게 물었다. 그는 "달서천하수처리장이 가동되고 있습니다."라고 하였다. 그 후 강창교 수질이 BOD 10ppm이하인 것을 보고 이것은 어떻게 된 것이냐고 물었다. 이번에는 "신천하수처리장이 가동되고 있습니다."라고 하였다.

정말 금호강이 이렇게 빨리 수질이 개선될 줄은 생각하지도 못했다. 영국 템스 강에 연어가 회귀하는 데에 141년이 소요되었고 독일 라인 강의 수질개선에는 23년이 소요되었다. 1984년에 114ppm이던 것이 불과 15년이 지난 1999년에 5.1ppm으로 수질이 개선된 것을 보고 한마디로 감격하지 않을 수 없었다. 이것은 대구시가 하수처리에 특별하게 투자한 노력의 결과이다.

또한 강에는 평소 흐르는 물의 양이 중요한데, 이를 위해 임하댐에서 영천댐까지 57.1km에 달하는 도수로관로를 2002년에 건설하였다. 이 관로를 통해 하루 40만 톤의 물을 가져와 일부는 포항으로 보내고 일부는 금호강 유지수로 흘려보내고 있다. 이와 같은 유지수의 증가와 하수처리시설의 확충으로 2010년도 강창교의 BOD농도는 드디어 2.4ppm으로 개선되었다. 낙동강 본류의 수질과 큰 차이가 없을 정도가 된 것이다.

강에서 살아 숨 쉬는 아름다운 소리를 듣기 위해서는 무엇보다도 흘러가는 물의 양이 중요하다. 과거 조선시대에는 부산에서 안동까지 나룻배를 이용했다는 기록이 있는 것을 보면 강물이 꽤 많았음을 짐작할 수 있다. 지금은 배는 고사하고 갈수기에 군데군데 강바닥마저 드러나고 있지 않은가.

나는 그 이유로 첫째는 인구증가와 산업용수 사용 등으로 과거보다 물 사용량이 엄청나게 많아졌고, 둘째 과거 벼농사 짓던 많은 논이 밭·산업용지·주택지 등으로 바뀌어 물을 가두어 두는 면적이 줄어들어 강으로 흘러나오는 물의 양이 줄어들었기 때문이라고 나름대로 생각해 본다.

지금 낙동강에는 '4대강사업', 금호강에는 '생태환경조성사업'으로 한창 들썩거리고 있다. 이들 사업의 목표가 기본적으로 강의 유지수를 증가시키려는 것이다. 농경시대에 들린 금호강의 소리는 다시 듣고 싶은 그리운 소리다. 산업화시대에 들리는 금호강의 소리는 누구나 다시는 듣고 싶지 않을 것이다. 다가오는 첨단과학시대에는 금호강에서 어떤 소리가 날까? 아름답게 조성된 생태공원에서 들릴 소리가 궁금하기만 하다.

구름다리

박 태 칠

- 전 대구광역시 동구청
- 2007년 《대구문학》 신인상으로 등단
- 현 영남수필문학회 사무국장

구름다리

오리들은 모두 강 중심을 바라보며 저희들끼리 몸을 부딪고 있다. 한 달 남짓 몰아치던 30년 만의 한파도 이제는 물러가고 낮 기온이 제법 영상으로 올라가고 있다. 물결은 잔잔했다. 제법 큰 오리는 나비넥타이를 매고 있고, 목에는 모두들 '희망'이라든지 '갈매기' 같은 이름들을 써놓았다.

아양교 방향으로 새로이 선보일 동촌 보도교 공사가 한창이다. 준공이 되는 날 오래된 구름다리는 역사가 되고 말 것이다. 무상(無常)한 것이 세월이라 어느 것 하나 영원한 것이 없겠지만 세월의 뒤안길로 사라질 운명 같아 애잔한 마음이 든다. 기왕 온 김에 한번 건너보고 싶었다.

오랜 세월에 걸쳐 숱한 애환을 간직한 동촌 구름다리

'대인 1000원, 소인 700원' 어른과 어린이로 구분 않고 대인과 소인으로 구분한 요금표가 재미있다. 속물인 나도 천 원짜리 지폐 한 장에 대인이 된다. 서너 발자국 걸어 나가자 출렁거리기 시작한다. 예전에 사귀던 외국인과의 일화가 떠오른다.

미국에서 온 그에게 우연하게 동촌의 구름다리를 소개한 일이 있었다. 클라우드 브릿지? 완전 콩글리시인 내 설명에 그는 고개를 갸우뚱했다. 내가 그림을 그려가며 열심히 설명을 해 주자 그는 "오우!"를 연발하더니 '셔스펜션 브릿지(suspension bridge)'라고 하였다. 현수교란다. 양쪽 언덕에 줄이나 쇠사슬을 건너지르고, 거기에 의지하여 매달아 놓은 다리라고 한다나.

그러나 나는 그런 건설 분야의 용어를 정확히 구사하는 외국인의 상식보다는, 그렇게 출렁거리는 다리를 '구름다리'라고 명명한 낭만적인 사고가 새삼 감탄스럽다. 풍류를 아는 사람이 지었을 법한 이름, 알고 보니 그건 1968년도에 설치한 것이라 한다. 누구였을까? 맨 처음 허공에 다리를 놓고 신선이 노닐법한 구름다리라고 지은이는.

서너 발자국 옮기니 벌써 흔들리기 시작한다. 나는 겁이 나서 옆의 난간 줄을 잡고 잠시 걸음을 멈춘다. 실수하면 떨어질 것 같은 위태로움을 느낀다. 위태로운 것이 어디 이 줄뿐일까. 군대에서 탱크바닥의 축전지에 기름칠을 하다가 옆에 있는 폭탄에 전류가 흘러 불꽃이 튈 때, 밤늦도록 일하다가 새벽 2시에 뇌졸중으로 쓰러졌을 때, 나는 목숨이 위태로움을 느꼈다. 하지만 그렇게 절박하던 때가 아니더라도 인생의 행로는 늘 위태로웠다. 이 흔들리는 다리처럼 인생은 세파라는 바람에 흔들리고, 실수라는 덫에 걸리며 위태롭게 살아간다. 그러고 보니 이 출렁이는 다리는 삶의 여정이다.

용기를 내어 바닥만 보며 강 가운데로 조금 더 걸어가니 이번에는 다리가 매우 출렁거려 더 걸을 수가 없다. 앞을 보니 앞서가는 아가씨들을 놀리느라 뒤따르는 청년들이 몸에 반동을 주며 다리를 몹시 흔들고 낄낄거린다. 좀 나무라고 싶은 마음이 든다.

그런데 가만히 보니 그 장난꾸러기 청년들은 줄도 잡지 않고 다리를 흔들면서 마음껏 즐기고 있다. 오히려 반동을 즐기고 있다. 그렇다. 흔들리지 않는 인생길이 어디 있을까. '흔들리며 피는 꽃'이란 도종환 시인의 시가 생각난다. 나도 흔들흔들 리듬을 타며 걸었다. 나와 거리가 가까워지자 그들이 슬며시 장난을 멈춘다. 고맙다. 힘들었던 기억은 금세 사라지고 미소가 떠오른다. 과거심불가득(過去心不可得).

강 중심에 들어서자 좌우로 길게 뻗은 금호강이 보인다. 예전의 이곳은 대구 최고의 경치였을 것이다. 사가 서거정은 금호강의 뱃놀이[琴湖泛舟]를 대구의 제 일경(第一景)으로 노래하였다.

그러나 상처 없는 삶이 어디 있으랴. 80년도에 영천댐이 준공되어 맑고 푸르던 금호강물은 포항제철에 공업용수로 제공되었다. 죽음의 강으로 변한 금호강은 야위어 가고 동촌유원지도 쇠퇴하여 갔다. 대구사람들은 참 무던하고 잘 참았다. 구워삶는 무더위도, 혹한의 겨울도 참아내던 성질 탓일까. 제철입국의 기치 아래 생명수이던 금호강물을 빼앗기고도 무덤덤하였다. 물이 없고, 고기가 없고, 사람이 찾지 않는 삼무(三無)의 강이 되고 만 것이다.

"나도 3무의 여자예요."

우연히 금호강에서 다시 만난 그녀는 강물을 보며 그렇게 말했다. 공공근로를 하면서 업무적으로 알게 된 그녀는 연속할 수 없는 규정 때문에 실직자가 되었다고 한다. '3무의 강'을 듣더니 그렇게 답했다. 알 것 같았다. 남편 없고, 가진 것도 없는데, 직장마저 없으니. 대구사람들은 그렇게 3무의 강을 사랑했다. 자정능력이 없어 썩어가는 금호강을 자기 신세와 같다고 여기며 강변 곳곳에 소주병을 돼지 풀보다 많이 심어 놓았다.

그러나 강산이 두 번이나 바뀐 2001년, 마침내 임하댐의 물을 운반할 도수로공사가 완료된 후 하루 26만 톤의 물이 흘러오기 시작했다. 물의 자정능력이 회복되고, 물고기와 강태공이 다시 모여들기 시작했다. 물위로 오리배가 떠다니기

동촌유원지의 명물 오리배

시작하고 동촌유원지에 사람이 모여들기 시작하였다. 금호강이 다시 살아난 것이다. 이제는 어디서 사는지 모르는 그녀가 떠오른다. 안전등급 C등급인 이 다리보다 좀 더 안전한 삶을 살기를 기원해 본다.

다리를 건너갈 즈음 효목동 쪽의 풍경들이 가깝게 다가온

다. 식당과 라이브카페, 모텔들의 모습이 보인다. 밤이 되면 네온사인과 음악, 그리고 사람들로 붐비는 이곳도 출발은 슬픈 역사에서 시작된다.

일제초기 일본의 고관대작들이 강 북편 검사동 쪽에 있는 팔성장(八城莊)이란 전용요정에서 기녀들과 놀았다고 한다. 팔성장을 시발로 이 일대를 유원지로 개발한 것은 일본인 스기모토(杉本) 등이며 이들이 동물원과 보트장을 만들어 이 일대가 흥청거렸다고 한다. 일제 36년, 이 땅 어느 곳엔들 일본인들이 할퀴고 간 생채기가 없으랴마는 대구시민의 휴식처인 동촌유원지마저 그들의 놀이터로 시작된 것이 슬프다.

강은 슬픔의 자정역할을 하는 것일까. 나도 힘들었던 학창시절에는 곧잘 시골집 앞을 흐르던 강가를 찾곤 하였다. 그 전설 같던 가난과 좌절, 나를 달래준 것은 오로지 흐르는 강물뿐이었다. 조용하게 흘러가는 강물을 보고 집중하노라면 잠시라도 현실을 잊을 수 있었다.

마음도, 슬픔도 뇌의 한 흐름이라 하였던가. 한줄기 마음이 일어나는 것도, 또 쓰러지는 것도 수많은 시냅스의 물줄기 같은 거였다면, 저 푸른 강물을 보고 이제는 내 마음도 푸르게 물들이고 싶다. 어느 신경학자에 의하면 고통스러웠던 기억은 일반적인 생각보다 5배나 더 강하게 기억된다고 한다. 그 큰 고통의 강줄기를 없애려면 순간의 오감에 집중해야 한다. 조용히 흘러가는 강물을 집중하여 바라보노라면, 머릿속의 나쁜 기억은 서서히 잊어질 것이다. 물을 푸르게 하는 물푸레나무처럼 강물도 내 머리를 푸르게 물들여 줄 것 같다.

금호강도 대구 시민들의 오랜 눈물과 한의 역사를 담아 큰 강줄기를 이루어 흘러갔다. 강물은 흘러가고 역사도 흘러갔다. 많은 시민들이 이 금호강을 자주 찾아서 삶의 아픔도, 과거의 슬픔도 치유하게 되기를 마음속으로 기대해 본다.

다리의 막바지에 이르니 이제 제법 마음의 안정감이 든다. 아래를 보니 언제부터인지 서너 척의 오리 배가 물위에 떠다닌다. 이제 위태로운 인간세계에서 벗어나 비로소 구름위의 신선이 된다. 어쩌면 원래 신선인 내가 인간인 된 꿈을 꾸는 것인지도 모를 일, 나는 점점 다리 끝에 닿기를 아쉬워하며 속도를 늦춘다. 호접몽(胡蝶夢)이라도 꾸는 것일까.

마침내 강을 건너고 보니 단단한 바닥이 발바닥에 닿는다. 그 견고함이 그리 고마울 수 없다. 여태 땅위에서 살아 왔으면서 그 고마움을 몰랐다. 뒤돌아보니 다른 사람들이 건너는 모습은 그리 위태로워 보이지 않는다. 저 혼자만 힘들다고 느끼는 것이 인생인가. 뒤돌아보니 40여년을 물에 발 담그고 선 구름다리의 모습이 안쓰럽다.

강창매운탕과 다사의 향수

유 재 희

- 호 : 월촌(月村)
- 전 대구광역시 중구 남산4동장
- 1966년 동아일보 신춘문예 당선
- 동시집 『꽃잎을 먹는 기관차』(1968), 작품집 『아침
  우물가』(2011)

강창매운탕과 다사의 향수

　뿌리 깊은 도시 우리 대구의 곳곳이 선조들의 얼이 배어있지 않는 곳이 없다고 생각해 왔지만 금호강과 낙동강이 만나는 곳인 다사 일대도 마찬가지였다. 서재를 중심으로 강창·이곡·이천·방천리·세천과 마천산·와룡산 등 역사와 문화의 향기가 고루 배어 있어 외곽지로 여겼던 다사 일원을 다시 한 번 생각하며 찾아보는 기회를 가질 수 있었다. 우선 다사 지역 하면 제일 먼저 생각나는 것이 강창나루와 그 곳의 매운탕 이야기, 그리고 전해오는 다사 8경(多斯八景)이다.

　안타까운 것은 불과 반세기 정도 지났을 뿐인데 강창의 매운탕 이야기도 이제는 전설처럼 되었고 다사 8경도 그 지정

경위와 연대 및 관련된 인물들이 확실치 않아 애매한 점이 없
지 않았다.

다사읍은 달성군의 북부에 위치하며 금호강을 경계로 대구
시 달서구와 인접하고 있는데, 1995년 3월 대구광역시로 편
입이 되었고 숙원이던 지하철2호선이 문양까지 개통됨으로
해서 폭발적인 인구증가와 발전을 가져오게 되었다.

특히 2010년 1월에는 강창교 확장으로 성주·고령 등을 중
심으로 한 서부지역의 교통이 원활해져서 지속적인 발전이
예약된 곳이기도 하다.

풍수지리상으로도 뒤로는 마천산·와룡산·궁산이 두르고
있고 앞으로는 금호강과 낙동강이 탁 트여 있어 배산임수의
조건을 모두 갖추었고, 넓은 땅은 복지의 터전을 마련하는 개
발이 이뤄지고 있다.

강창(江倉) 매운탕

강창은 이락서당(伊洛書堂)이 있는 달서구와 금호강을 건너
면 연결되는 곳인데 조선시대에는 이곳에 현물 조세곡을 모아
두는 창고가 있었다. 쌀 1만석을 보관할 수 있었으며 그 외에
도 조세 보관창은 부창(府倉)·해안창(解顔倉)·남창(南倉)·
하빈창(河濱倉)·화원창(花園倉)·풍각창(豊角倉) 등이 있었

는데, 강창에서는 이곳에 모인 조세곡을 낙동강을 통해 김해까지 배로 수송했다가 해로를 통하여 서울로 운반하였다.

당시 강창이 있었던 금호강은 사시사철 맑은 물이 넉넉하게 흘렀다. 강 언덕에는 고운 모래와 나무가 있었고 그 사이로 불어오는 시원한 강바람은 유원지로서의 모든 조건을 갖추었고 부근에 있는 이락서당(伊洛書堂)으로 인해 더욱 이름이 알려지고 있었다.

강창에는 조세곡을 모으고 관리하는 탓으로 항상 사람들이 붐비고 있을 뿐 아니라 성주와 대구 시내를 연결하는 나룻배 이용객들로 사람이 끊이지 않았다. 지금의 강창교가 놓이기 전 달성군 다사면 죽곡동과 대구로 편입된 달성군 성서면 파

강창교가 놓이기 전 강창진, 왼쪽 취수탑 뒤에 이락서당이 있다.
〈사진제공 : 최연관〉

호동 사이에 있는 강창나루(江倉津)를 지나는 금호강은 옛 부강정(浮江亭)이 있던 곳에서 낙동강과 합류하여 남해로 흘러간다.

강창교가 놓이기 전 강창나루에는 목선이 유일한 도강수단이었고 학생들도 작은 나룻배를 타고 대구로 등교를 했었다.

강창진에서 작은 목선을 타고 강을 건너는 학생들
〈사진제공 : 최연관〉

차량통행이 안되어 모든 운반수단은 성주에서 강창까지, 강창에서 대구까지만 되었으나, 1965년경 다사에서 운수업을 하던 세 사람이 돈을 모아 버스를 실어 건널 수 있는 배를 띄우고 성주에서 대구시내까지 버스를 운행했으니 그게 바로

'삼천리버스'였다.

　이 강창나루에 처음 매운탕이 등장한 것은 1958년이었다. 선착장 입구 천막에서 배를 기다리던 길손에게 국수나 막걸리를 팔던 당시 파호동 거주 김영석 할머니가 매운탕의 개척자로 전해지고 있다. 김 할머니는 이곳에서 잡힌 별미 잉어를 원래 회를 떠서 팔았는데 몸통은 회로 팔고 머리 부분은 버렸다. 어느 날 그 싱싱한 머리통을 버리기가 아까워서 냄비에 파와 된장 등 갖은 양념을 넣고 끓여 보니 의외로 맛있는 술 안주가 되어 손님들에게 호평을 받자 다음에는 잉어를 비롯한 메기 등 각종 잡어로 맛있는 매운탕을 끓여내기 시작한 것이다.

　이 요리는 손님들에게 대단한 인기를 얻었고 마침내 전국 곳곳으로 요리 비법이 알려지면서 강나루마다 매운탕집이 들어서게 되었다.

　당시 금호강은 맑은 수질과 풍부한 수량으로 많은 고기가 잡혔는데 낚시보다는 세 사람이 한 팀으로 대형 초망을 이용해서 강 건너까지 덮어 한꺼번에 많은 고기를 잡았다. 그 고기를 매운탕 집에 공급하는 한편 지역 주민들과 곡물로 바꾸는 물물교환이 성행했다.

　강창나루를 기억하는 몇몇 노인 분들의 말에 의하면 파호동 쪽에는 반듯한 집을 지어 영업을 했지만, 다사 쪽은 가건물에다 취급하는 종류도 고급형인 회나 매운탕보다 간단한 국수, 막걸리, 국화빵(풀빵), 빈대떡이 주류였다고 한다.

강창 매운탕이 전성기를 맞은 때는 1965~1970년 사이였다. 주막에는 손님이 많아 강변 수양버들 아래 평상을 설치하여 손님을 받았고 매운탕을 맛보고는 작은 유람선을 타고 강바람을 맞으며 금호강을 오르내리는 멋도 있었다. 밤이면 강태공들의 낚시로 인근 강변이 불야성을 이루기도 하였다.

요즘처럼 다양한 먹을거리가 없었던 시절 강창매운탕은 대구의 유지 정도는 되어야 먹을 수 있는 고급 음식이었다.

그 후 도강의 불편이 심해지자 처음 소규모의 나무다리를 개설하였으나 홍수에 떠내려갔다. 마침내 1966년에 강창교

완공된 강창교의 모습

가 착공되어 4년 8개월만인 1970년 12월에 폭 10.3m, 길이 245m의 교량이 완공되면서 강창나루는 사라지게 되었다.

  1960년대 산업화의 물결로 대구의 젖줄이라 하는 금호강이 엄청 오염되면서 이미 강창의 매운탕은 그 명성을 잃게 되었다. 그 후 폭주하는 교통량을 감당할 수 없어 강창교는 다시 확장을 하게 되는데 2010년 1월, 폭 50m 길이 300m의 왕복 10차선으로 지금의 강창교가 준공되었다.

강정 유원지 먹거리 소개 안내판

강창매운탕의 이름은 금호강에서 낙동강변의 강정으로 옮겨 그 명맥을 유지하고 있다. 그러나 물고기가 귀해 삼랑진·진주 등지에서 재료를 구입하여 사용한다고 한다. 식당의 위치가 바뀌고, 재료가 다르고 손맛이 달라서 그런지 아니면 음식이 다양해져서일까. 하여튼 그때 배고팠던 시절 즐겨먹던 그 매운탕의 맛과는 다소 거리가 있다. 그래도 다른 어느 지역의 매운탕보다는 맛이 좋은 것 같다. 당시 맑고 깨끗한 금호강에서 직접 잡아 끓여먹던 강창의 매운탕집은 흔적도 없이 사라졌지만 세월의 앙금처럼 쌓인 옛 솜씨는 그대로 전수되어 강정유원지의 매운탕집들이 이어가고 있다. 그리고 그 추억만은 입에서 입으로 전해지고 있다.

다사 8경(多斯八景)

다사 8경은 달성군 다사읍을 동서로 에워싸고 흐르는 금호강과 낙동강 연안 곳곳에 빼어난 절경이 있어 눈길 가는 곳마다 그 경치가 버릴 수 없을 만큼 아름답지만 특히 다사읍을 중심으로 여덟 곳의 절경을 지정하고 다사 8경이라 이름 하여 전해오고 있다.

어느 시대 누가 어떤 연유로 다사 8경을 지정했는지 알 수가 없을 뿐 아니라 그 일부는 서호병 10곡과 겹쳐져서 뜻이

희석된 곳도 있고 몇 곳은 흔적도 없이 사라져 아쉽지만, 당시의 절경과 그 정취를 바로 볼 줄 알았던 선인들의 지혜는 배워 둘 만하다.

• 제1경 선사조기(仙槎釣磯)

위치는 이강서원(伊江書院) 부근으로 신라 때 고운 최치원(崔致遠)의 발자취가 남아있는 곳으로 전해지는데 거유(巨儒)인 한강 정구 선생과 낙재 서사원 선생들이 친한 벗이나 아끼는 제자들과 함께 뱃놀이와 낚시를 하던 곳을 일컫는다. 지금 이강서원 자리는 선사암이 있던 터였는데 이곳에 완락당을 지어 문인들과 더불어 성리학을 강론했다.

• 제2경 마령청람(馬嶺靑嵐)

마령(馬嶺)은 이천에서 하빈 현내리로 넘어가는 다사고개 뒷산이며 국어학자인 환산 이윤재 선생의 묘소가 이곳에 있다. 환산은 국어학자로 조선어학회사전편찬위원으로 있으면서 《조선어사전》을 편찬했고 3.1만세운동에 참가하여 옥고도 치렀으며 1942년 조선어학회사건으로 끝내 함흥형무소에서 옥사했다.

마령은 다사읍에서 가장 높은 산이며 춘하추동 사계절 언제나 산허리에 짙은 안개가 쌓여 있다. 이따금 서늘한 바람이 불면 이 안개가 동쪽으로 혹은 서쪽으로 옮겨지는데 그 모습이 천하절경이다.

언제나 안개 속에 쌓여 보일 듯 말 듯하면서도 그 자취를 영원히 들어내지 않는 마령의 신비를 제2경이라 한다.

• 제3경 낙강모범(洛江暮帆)

낙동강 위에 석양을 받으며 귀항하는 배들을 말한다. 옛날에는 김해(金海) 칠성포(七星浦)에서 실려 온 바다에서 나는 모든 특산물이 금호강까지 올라왔는데 수많은 어선과 화물선이 오고 갔다. 이처럼 많은 상선과 어선, 그리고 놀이배가 여러 곳에서 몰려와 정박해 있을 때 강 저쪽으로 해가 지고 붉은 낙조가 물드는 모습은 장관이 아닐 수 없었다.

하지만 지금은 돛단배는 고사하고 목선도 볼 수가 없고 낙동강의 수량이 줄어 배의 운항은 불가하니 다만 추억속의 상상일 수밖에 없다.

• 제4경 봉대석화(烽臺夕火)

봉화대는 통신수단이 별로 없던 때에 나라의 비상사태를 알리는 신호대로서 통신의 업무는 물론 국가 안위에도 중요한 몫을 하고 있었다.

마천산 봉화대의 저녁 불빛은 큰 구경거리였던 것 같다. 봉화는 봉수(烽燧)라고도 하며 낮에는 연기로 밤에는 불꽃으로 신호를 했는데 조선조 세종(世宗) 때 정식 봉수제도를 마련하여 평상(平常)시에는 한 번씩 올리고 적이 나타나는 2급(二急)에는 두 번, 적이 국경에 접근한 3급(三急)에는 세 번, 적이 국경을 넘어오는 4급(四急)에는 네 번을 올리는데 전국에 다섯 곳에 시작점(起點, 基點)을 두고 최종 서울의 목멱산(木覓山 : 南山)까지 연결이 되도록 했다.

거짓 봉화를 할 경우에는 사형(死刑)에 처하고 봉화대 근처에서는 무당이나 토속에 의한 잡신 제사를 엄격히 금했다.

다사의 봉화대는 마천산에 있었으며 화원의 성산봉수로부터 전달받았다. 칠흑 같은 한밤에 붉은 불꽃이 밤하늘을 비추는 모습이거나 그 불빛이 강물에 반사되어 밝게 빛나는 모습이 아닐까 싶지만, 봉홧불이라는 자체가 기억 속에 희미하고 가끔 보는 폭죽을 하늘에 올리는 불꽃놀이가 먼저 연상되어 봉홧불의 의미가 축소되는 것이 안타깝다.

• 제5경 금호어적(琴湖漁笛)
금호강 어부의 피리소리를 말한다. 금호강에 제방이 없을 때는 그 풍부한 수량으로 호수를 연상케 했으며 맑은 물에는 잉어 · 붕어 · 황어 · 은어 등 온갖 고기가 많아 어선들이 성황을 이루었고, 특히 이곳에서 잡히는 잉어는 전국적으로 유명하여 널리 알려져 있었다. 따라서 여기에서 잉어를 잡는 어부들은 상당한 소득을 올리고 있었고 고기를 많이 잡게 되면 기분이 좋아 배 위에서 춤을 추고 피리를 부는 등 보는 이로 하여금 풍요로움을 느끼게 하였다. 또한 저녁이면 어선은 물론 취미로 고기를 잡는 강태공까지 배 위에서 밝은 불을 켜 놓아 멀리서 바라보는 금호의 밤경치는 그야말로 절경이었다.

• 제6경 방천철교(坊川鐵橋)

방천리에서 칠곡 지천으로 가는 금호강 위에 놓인 경부선 철교이다. 이 철교는 1904년에 건립되었으니 다사 8경중 제6경은 철교건립 이후에 지정된 것이 연대 상으로는 명확하게 되었다. 그 당시 철교가 놓이고 강물 위로 기차가 지나가는 게 신기하기도 했지만 규모나 높이가 이상적으로 잘 되어 있고 지금 보아도 설계부터 친환경적인 요소를 생각한 듯 주변의 경관을 크게 해치지 않는 것 같다.

6경은 다리 위에서보다 배를 타고 다리 밑을 통과해서 상류로 거슬러 올라가면 그 장관을 한 눈에 볼 수 있는데 지천 쪽의

절벽과 소나무·버드나무 등 우거진 잡목들이 무성하게 숲을
이뤄 유유히 흐르는 금호강과 어우러져 절경을 이루고 있다.

• 제7경 문산월계(汶山月桂)
낙동강 문산나루의 달 그림자와 음력 칠월 보름날 주위의
사림(士林)들이 모여 달빛놀이(月桂)를 하면서 옛날 중국의
소동파가 지은 적벽부의 풍류를 재현하는 행사라고도 할 수
있다.
문산 지방의 낙동강에는 해마다 가을이 되면 십여 리나 되는
강물 위에 유난히 밝은 달빛이 반사되어 아름다운 야경을 만든
다. 이맘때쯤이면 시인 묵객들이 모여 배를 띄우고 풍류를 즐기
는데 이태백(李太白)이 물속의 달을 건지려다가 빠져죽는 흉내
를 내기도 했다.

• 제8경 강정유림(江亭柳林)
낙동강 강정유원지는 달성의 가장 유명한 유원지 중의 하나
였지만 이곳 역시 강창의 매운탕 이야기처럼 그 명성이 퇴색해
가고 있다.
낙동강 건너 고령 쪽에 버드나무가 무성해서 좋은 경치와 그
늘을 만들었으며 깨끗한 물과 모래, 강정에서만 맛 볼 수 있는

매운탕과 회의 별미에 많은 사람들이 찾아든 곳이다.

특히 강정은 대구시민이 사용하는 낙동강 강정취수장이 있어서 한때는 대구시민이 사용하는 물의 60%를 이곳에서 취수하기도 했다.

그러나 그 많던 버드나무 숲도 망가지고 옛날 신라시대 왕이 유람하던 이름난 정자인 부강정(浮江亭)이 있을 만큼 좋은 경치도 허물어져 갔다.

부강정은 금호강과 낙동강이 만나는 지점의 낮은 언덕에 위치하여 마치 물 위에 뜬 정자 같다하여 부강정이란 이름을 얻었다. 지금도 부강정이 있던 자리와 버드나무숲[柳林]이 아름다웠던 옛날의 풍모는 조금만 관심을 가진다면 다시 살려 사랑받는 관광지가 될 것이다.

강정보(江亭洑)와 마을의 앞날

강정마을 앞 금호강과 낙동강의 합류지점 약간 상류 낙동강에 강정보가 건설되고 있다. 정부의 역점사업으로 낙동강 살리기의 현장인 것이다.

강정보는 고정보 833.5m와 가동보 120m로 보의 전체 길이가 953.5m에 달하는, 낙동강에 건설되는 보중에서는 최장의 길이를 자랑하고 있다.

이 보가 완공되면 발전시설 1,500kw 2기로 낙동강 물로 생산하는 전기를 새로 얻을 수 있고, 가야시대의 찬란한 문화를 재현하고 낙동강 수변경제의 중심으로 관광허브가 되는 밝은 미래를 담고 있다. 한창 공사가 진행 중인 강정보의 모습을 보면 가야시대의 번영을 상징하는 '각배' 잔과 가야금·수레바퀴 등을 모티브로 디자인되었으며, 보 주변에는 자전거길인 공도교, 다양한 어종이 이동할 수 있는 어도, 물의 선율을 느낄 수 있는 탄주대 등을 만들어 단순한 보의 기능에 조형미를 덧붙인 명품 보로 태어나고 있다.

현재 강정에는 십여 곳의 매운탕 전문식당이 있지만 하나같이 힘든 경우다. 강창에서 매운탕업에 종사하던 사람은 거의 없

공사 중인 강정보

으며 모두 40~50년간 이곳에서 강정 특미의 매운탕을 개발해온 터줏대감들인데 이곳 역시 다른 곳에서 재료(고기)를 받아다가 하는 장사이다 보니 특색이 없다. 이제 강정보가 마무리되고 강정 일대의 수변공원이 유원지화 되면 다시 한 번 옛날의 영화를 되찾을 것으로 믿고 있다. 지금도 메기매운탕은 어느 곳보다 자신 있게 내놓을 수 있는 메뉴이며 잉어찜과 잡고기탕으로 현상유지는 하고 있다고 일대 매운탕집에서는 입을 모으고 있다.

향토 사학자들은 강정보는 옛날 번영과 영화의 상징인 부강정(浮江亭)의 계승이라고 주장하며 강정보에 큰 희망을 걸고 있다. 깨끗한 물을 만들어 강을 살리고 물부족과 홍수피해를 근본적으로 해결할 뿐 아니라 치수선진화로 자연과 인간의 공생을 꼭 이룰 것이다. 이 보가 완공되면 낙동강이 살아나고 그 중심에서 다사도 새로운 모습으로 일어나 부강정과 강창진 · 강정진의 옛 명성을 다시 볼 것이라고 믿고 싶다.

마천산

전 청 수

- 호 : 청산(靑山)
- 전 대구광역시 차량등록사업소장
- 등산 에세이 『산으로 가는 마음』(2009)

마천산

    마천산(馬川山, 196m)은 최근 유명세를 타고 있는 대구 근교의 산이다.

    지하철 2호선 문양역 뒤편에 자리한 원점회귀 산행지로서 남녀노소 즐겨 찾는 연인의 산이 되었다. 특히 산을 한 바퀴 돌아서 내려서면 일대에 맛깔스런 논메기 매운탕이 기다리고 있어 산행으로 소모된 체력을 보강할 수 있다. 또한 역 앞은 산나물, 배추, 무 등 가까이서 나는 싱싱한 먹거리를 파는 노점상이 즐비하고, 미식가를 모시고 갈 봉고차들이 줄을 지어서 있어 시골의 5일 장터 못지않게 붐빈다.

    마천산이 자리한 다사지역은 낙동강과 금호강을 좌우로 거느린, 여인의 안방처럼 정결하고 아늑한 곳이다. 아울러 도시의 확산과 지하철 개통으로 급격하게 변화된 곳이기도 하다.

　다사읍의 이천리 선사(仙槎, 다사에서 하빈으로 가는 삼거리)에서 하빈면으로 넘어가는 이현고개가 있는데, 그 동쪽의 황학산 지맥에는 문양역 뒤편의 마천산과 높이만 다른 또 하나의 마천산(192.3m)이 있다. 대구광역시와 재단법인 경상북도 문화재연구원이 발행한 '문화유적 분포지도' 상에는 이천리 마천산 봉수지(252.1m) 아래 '창녕성씨 정려각'이 있는 뒤 봉우리를 표시하고 있으니 헷갈리지 않을 수 없다.

노점상

마천산에 대한 여러 가지 혼란스러움도 챙겨보고, 소문난 봉수대 터도 한번 찾아보고자 유월이 막바지로 치닫는 어느 날 길을 나섰다. 주간 예보로는 장마가 시작될 것이라 했는데 생뚱맞게도 열기가 온몸을 달구었다. 강창대교를 지나 다사읍에서 이천리 선사 방향으로 진입해야 하는데, 세천·서재쪽으로 들어서고 말았다. 세천교를 지나자마자 눈이 뜨이는 중장비-, 세천공단 조성으로 산과 들이 온통 뒤집혀 있었다.

마천산

해랑교(海娘橋)를 통해서 달천으로 넘어갔다. 해랑교는 정선 구절리 가는 길목의 아우라지 강변을 바라보는 '아우라지 처녀상'의 애틋한 사랑 못지않은, 금호강의 푸른 물길에 얽힌 해랑 모녀의 정이 새록새록 젖어 있는 곳이기도 하다.

달천리 마을회관 앞 들판에 늙은 나무가 우뚝 서 있는 곳으로 갔다. 두 그루의 느티나무와 몸통이 뚫어져 상처투성이가 된 한 그루의 회화나무가 세월의 갖은 풍상을 겪어 왔음을 보이고 있었다. 마을에는 문화재로서의 사료적 가치를 지닌 두어 채의 고택도 보였지만, 워낙 더운 날씨라 그냥 지나쳤다.

금호강 물이 산 밑을 굽어 도는 서원골 산자락에는 한때 이지역의 사림을 주도하던 서사원 선생(徐思遠, 1550~1615)을 모시는 이강서원(伊江書院)이 자리하고 있다. 선생은 조선 중기의 학자로 본관은 달성(達城)이며 호는 미락재(彌樂齋) 또는 낙재(樂齋)라고 했다. 전교를 지낸 치(治)의 아들로서 완락당을 짓고 제자를 가르치던 곳으로 후학들이 1639년(인조 17)에 서원을 세웠는데, 서호 10곡의 하나로 꼽히게 되었다.

마천산 봉수대 터로 가기 위해서 선사에서 이현고개로 접어들었다. 좁고 굴곡이 심한 도로지만, 다사읍과 하빈면을 넘나드는 지름길이라서인지 많은 차량이 다니는 모양이다. 고개 마루 바로 앞 산비탈에서 귀한 분을 만났다. 한글학자 환산 이윤재(1888~1943년) 선생의 묘소에 들르게 된 것이다. '국학자' 환산 이윤재님 무덤…. 묘비의 표현 자체가 선생이 단순한 어문학자가 아니라 참담한 시절 한글을 무기로 일제와 싸운 민족주의 역사학자라는 사실을 말해준다.

1973년 발행된 《나라사랑》에는, 한평생 한글 발전을 위해 노력하신 선생의 모습이 절절이 나타나 있다. 아호는 한뫼·한메·환산(桓山)으로 불렸다. 아호에서부터 타협 없는 외골수 민족주의자의 냄새가 풍긴다고 할까. 어렸을 때는 한문을 익히다가 김해 공립보통학교를 마쳤는데, 대구와는 계성학교에서 공부한 인연이 있다. 김해 합성학교와 마산의 창신학교·의신학교 그리고 평안북도의 영변학교에서 교편을 잡았다.

중국의 문물을 배워 우리 문화 발전의 밑거름으로 삼기 위해 1921~24년에 중국 베이징대학교 사학과에서 수학했다.

잡초가 무성한 이윤재 선생 묘소

　　귀국 후 흥사단에 가입하고 서울 협성학교에 몸을 담으면서《한빛》을 창간하기도 했다. 1930년대 국어학계의 중추적 연구단체인 '조선어학회'의 주요 인물이었던 그는 조선어사전 편찬위원으로 활동하는 한편, 맞춤법통일안 제정위원, 표준어 사정위원으로서 어문정리와 보급에 힘을 기울였고, 1932년에는 조선어학회 기관지《한글》을 창간하여 편집을 주관했다. 1937~38년에는 수양동우회 사건으로 옥고를 치렀으며 1942년 10월 '조선어학회 사건'으로 검거되어 이듬해 세상을 뜬다. 이태 후면 맞을 해방의 기쁨도 보지 못한 채 함흥감옥에서였다.

창녕성씨 정려각

산모퉁이를 돌아 이현고개로 오르는 오른편 산자락에 자그마한 전각 한 채가 눈에 들어온다. '창녕성씨 정려각'이었다. 묵직한 자물통이 채워진 홍살문 너머로 안을 들여다보는 수밖에 없었다.

열여덟 살 창녕성씨 집안의 한 처녀가 이곳 밀양박씨의 지운이라는 청년과 결혼하기로 하고 폐백을 받았으나, 시집도 가기 전에 남편 될 사람이 죽었다는 소식을 듣고 슬피 울면서 식음을 전폐했다 한다. 주변 사람들이 애처로워 챙겨 먹기를 권했으나 남편이 이미 죽었는데 누구를 위해 배불리 밥을 먹겠습니까? 하며 한사코 거절하다가 열하루 만에 죽고 말았단다.

이 이야기가 알려지자 1494년(성종 25) 나라에서 정려를 내린 것이다. 《영남삼강록》에도 등재되어 있다는데, 비록 혼인은 하지 아니하였지만 가문의 명예를 위해 기꺼이 죽음을 택한 것일까. 그 옛날의 법도라는 것이 정말 엄중하게 느껴진다.

마천산 봉수대 터로 올라가는 길섶에는 찔레꽃이 만발해 있었다. 개망초 꽃이 하얗게 피어 있는 임도를 따라 걸었다. 길목은 참나무와 소나무가 울창하고 연록의 잎들이 싱그러웠다. 고개 정상에서 1km쯤 위쪽에서 봉수대 밑 둘레를 쌓은 돌담이 멀리서 눈으로 달려 왔다.

　　수성못에서 용지봉으로 오르는 능선의 법이산 봉수대는 그 넓이가 얼마 되지 않은 데 비하여, 마천산 봉수대 터는 백 평도 넘어 보였다. 형태 또한 영덕 대소산 봉수대만큼 완벽하지는 않았지만, 대구 일대에서는 가장 잘 보존된 것이라 여겨진다. 이곳에서 성주의 가야산이 보인다 했는데, 우윳빛 하늘로 인해 시계가 미치질 못했다. 시야에는 하빈 들녘의 비닐하우스와 낙동강의 물빛만 반짝였다. 아쉬운 마음을 달래며 머릿속으로 그림을 그려본다. 화원 성산의 봉수를 이어받아 저 멀리 한양의 목멱산(木覓山, 오늘의 남산)으로 이어지는 기나긴 봉수의 파노라마를….

대구지역 봉수대 중에서는 가장 잘 보존된 마천산 봉수대 터

봉수대는 높은 산정에 대를 설치하고, 밤에는 횃불, 낮에는 연기로써 변경의 정세를 중앙에 급히 전달하였다. 《삼국유사》《삼국사기》 등에 봉화·봉산성(烽山城) 등의 기록이 보여 삼국시대 때부터 있는 것으로 짐작되나 확실한 것은 고려 의종(毅宗) 이후부터라고 한다. 조선 시대에는 세종 때에 이르러 봉수제가 크게 정비되고 발전된 체제를 갖추게 되었다. 그러니까 우리나라에서도 이천년의 역사를 가진 군사통신수단이었던 모양인데, 첨단 모바일시대를 사는 나에게 이 돌 더미가 무슨 괴물처럼 느껴지는 것은 무슨 이유일까.?

이현고개 고갯마루에는 오석에 새긴 감사비 한 개가 눈길을 끈다. 다사와 하빈 사이, 한나절 넘게 걸었던 고갯길을 자동차가 단박에 넘을 수 있도록 길을 닦아준 당시 G 국회의원에 대한 양쪽 주민들의 고마운 뜻을 담아 놓은 비였다. 언뜻 세태도 인심도 그간 많이 변했다는 생각이 들게 하였다.

마천산-.

높이가 고만고만한 몇 개의 봉우리가 마천산으로 불리고 있다. 그러나 낙동강과 금호강이 만나는 세모꼴 지역 안에서, 다사와 하빈을 경계 짓는 큰 산 덩어리 전체가 마천산의 영역인 것은 분명한 사실이다. 다만 높이로 보나 역사적 유래로 보나 봉수대 터(252.1m)에 산의 정상(頂上)표지를 하여야 한다는 것이 나의 생각이다.

하여튼 마천산 일대는 생각보다 많은 것을 품고 있고 또 느끼게 해주었다. 세천공단 조성으로 사라진 가지암(可止巖), 그리고 선사 지역은 이미 세월의 흐름에 파묻혀 희미해져 버렸지만, 금호강의 물안개가 피어오를 땐 생각이 나게 하는 곳이다. 문화적으로 잘 보존하고 가꾸어야 할 곳이 많다. 봉수대 터, 환산 묘, 산림욕장, 정려각, 이강서원….

또한, 새롭게 태어난 문양역 뒤 마천산 등산로도 만인만연(萬人萬緣)의 아름다운 길로 다듬어 나가야 할 것이다.

성주도씨의 세거지 서재

최 중 수

- 호 : 탁산(濯山)
- 전 대구광역시 상수도사업본부
- 1993년 《문예한국》 신인상으로 등단
- 수필집 『고향 가는 연습』(1996), 『출구의 반란』
  (2002)

성주도씨의 세거지 서재

성주도씨(星州都氏)의 세거지를 답사하기 위해 약속 장소에 나가면서 학창시절의 친구도 생각하고 대구문인협회 회장을 역임한 도광의 시인과의 추억도 떠올렸다.

본관지가 성주라 큰집이 성주에 있는 것으로 알았는데 대구 쪽이 큰집이며 성주 쪽이 작은집이라고 한다. 게다가 최근에 중창한 병암서원(屛巖書院)이 있는 곳인가 했더니 성서 계명대학교 뒤쪽으로 향한다.

안내를 맡은 도재욱(都在旭) 씨는 다사읍 서재리가 대종파의 세거지이며 원래 관향을 팔거로 썼다고 한다. 대종회와 유림단체 부회장의 명함이 아니더라도 한 마디 한 마디 언행에서 뼈대 있는 집안의 후예임을 짐작할 수 있었다.

그에 의하면 우리나라 도씨(都氏)는 모두 단일 본으로 신라시대 수창군(壽昌郡)의 속현이었던 팔거현(八居縣, 북구 칠곡일대, 고려 때 八莒로 바뀌었음)의 호족이었다고 한다. 많은 사서(史書)에 도씨의 상계(上系)로 생각되는 인물이 보이지만 확실한 근거로 고증할 수 없다고 한다.

따라서 고려 태조 왕건(王建)이 삼한을 통일할 때 그를 도운 도진(都陳)이 개국 공신으로 팔거현(八莒縣)에 식채지(食埰地) 800경(頃)을 받고 칠곡부원군(漆谷府院君)으로 봉(封)하여졌기에 그 분을 수성시조(受姓始祖)로, 관향(貫鄕)을 팔거(八莒)로 했다고 한다. 그러나 이 역시 미진하여 고려 고종 때 전리상서(典理商書)를 지낸 '도순(都順)'을 기세(起世) 시조(始祖)로 한다고 했다.

고려시대에 팔거현(八莒縣)이 경산부(京山府, 현 성주)로 편입되고 1752년 임신보(壬申譜)를 만들 때 문중회의에서 본관지를 성주로 표기하여 800여 년이 지난 오늘날까지 성주도씨로 불려오고 있다. 그러나 옛 문헌이나 금석문(金石文)에 아직도 팔거(八莒)로 쓰인 것을 볼 수 있다.

여초(麗初)에 이미 팔거현의 토성호족(土姓豪族)으로 기반을 닦은 도문은 13세기 초부터 벼슬길에 나아가 문·무(文·

武) 요직에 올랐다. 시조 도순의 아들 충박(忠朴)은 고려 원종 때에 전리상서를 지냈으며 이후에 개성에 경파(京派)가 있을 정도로 중앙으로 진출한 관료가 많았다.

특히, 우왕(禑王) 때 찬성사 길부(吉敷)는 이성계 등과 함께 지리산 운봉에서 왜구를 섬멸한 황산대첩(1380년)의 명장으로도 유명했다. 그러나 당시 세도가 이인임(李仁任)의 인척이었던 관계로 그가 실각하는 정변(政變)에 화를 입으면서 일족이 풍비박산되었다고 한다. 이 참변을 그들은 기사화변(己巳禍變)이라 한다.

그 후 왕조가 바뀌어 조선이 개국되었으나 고려 말에 당한 비운과 불사이군(不事二君)의 충절로 향리에 은둔하였으며, 다만 벼슬길을 끊지 않기 위해 주로 무과(武科)에 등과(登科)하여 가문을 지켰다.

14세조 첨사(僉使) 의문(義文)공은 월곶진(지금의 김포) 첨사로 나아가 강화 해변을 지키는 임무를 수행하였으며 기묘사화(己卯士禍) 때에 이장곤(李長坤)과의 의행(懿行)도 잘 알려져 있다. 이즈음 죽곡(竹谷, 현 강창)에 세거하던 정평군(定平君) 하(夏)공이 세종 때 사마시(司馬試) 세조 3년(1458년)에 문과(文科)에 장원급제하여 관직에 나가게 되면서 이후 문한을 떨치게 되었다.

그의 장원은 당시 대구 출신으로 문신으로 활동하던 사가 서거정을 크게 기쁘게 하였음을 사가의 문집을 통해 확인할 수 있다.

도문은 1540년경까지 칠곡(지금의 북구 읍내동과 학정동 일원)에 세거하였는데 만호(萬戶)로 있던 16세 경상좌도(慶尙左道) 병마우후(兵馬虞侯) 흠조(欽祖)공이 자녀들의 학업 성취를 위해 좋은 곳을 찾던 중 와룡산록(臥龍山麓)의 산수가 겸비하고 문물이 무난해 이곳 하빈현(河濱縣) 도촌리(島村里)에 이거(移居)하였다. 그 후 서재공(鋤齋公)의 네 아들이 모두 훌륭했던 연유로 동명(洞名)이 서재(鋤齋)가 되었다. 대구에서 마을 이름이 특정인으로 지어진 것은 이때가 처음이다. 이후 문·무과 급제자가 많이 배출되면서 뿌리를 굳건히 박게 되었다.

세종실록 지리지에 대구의 토성으로 백(白)·하(夏)·배(裴)·서(徐)·이(李)씨가, 내성(來姓)으로 도(都)씨가 있었다. 칠곡에서 경재공파와 그 일족들이 대구에 입향한 시기가 바로 이때인 것으로 추정된다. 현재 대구 가톨릭 병원 남쪽의 속칭이 도촌(都村)인 것과 연계해보면 알 수 있다.

현재 대구광역시 달성군 다사읍 서재1동이 된 대종파(大宗派) 세거지는 와룡산과 궁미산이 휘감고 금호강이 둘러 처진

분지(盆地) 한가운데 포룡(抱龍) 여의주형(如意珠形)의 동산이 아담스러운 곳이다. 마을이 개발되면서 고풍(古風)이 사라지고 옛 정취가 자꾸만 없어지는 것이 안타깝다고 하는데 우리가 탐방하는 날도 도로공사가 한창이었다.

마을 입구에 이르자 서재(鋤齋)란 글씨가 쓰인 기념비가 내방객(來訪客)을 맞이한다. 뒷면에는 입향 유래를 적고 마을 소개가 담겨져 있다. 이곳에 터를 잡은 460주년을 기념하기 위하여 10년 전에 세웠음을 알 수 있다. 200m쯤 동산 남쪽에 치경당이 있었다. 도무영(都武永) 회장, 종손 도석갑(都錫甲) 씨 등이 우리 일행을 위해 일요일인데도 나와 주었다. 치경당은 전국의 도씨들이 모여 기세시조 도순(都順)과 3세조 대구파의 전서공(典書公) 도유도(都有道)와 성주파의 판서공(判書公) 도유덕(都有德) 두 분 형제의 향사(享祀)를 지내는 곳이라고 한다.

용호서원(龍湖書院)은 1704년(숙종 30)에 세덕사(世德祠)로 건립되어 양직당 도성유, 서재 도여유, 지암 도신수, 세 분을 배향하였다가 1708년(숙종 34) 서원으로 승개(陞改)되었다.

대원군의 서원철폐 이후에는 용호서당으로 마을 학동들의 교육을 담당하였다. 안내판에는 배향된 세분의 약전(略傳)이 적혀 있는데 우리가 찾았을 때에는 기와를 새로 이기 위해 해

성주도씨 서재파의 상징 용호서원

체해 놓은 상태였지만 300여 년을 지나온 세월답게 고취가 묻어나고 있었다.

조선 중기 목릉성세(穆陵盛世) 때 유학(儒學)이 도산(陶山)에서 대구의 연경서원(研經書院)으로 옮겨져 대구지역에 많은 유학자를 배출했는데 당시 휘헌 도신여는 원장(院長)으로 활동했다. 성주도씨의 많은 분들도 이 서원에서 강학(講學)을 하였고 한강 정구의 사빈서원(泗濱書院)과 낙재 서사원의 이강서원(伊江書院)에서 수학하여 극기복례(克己復禮)는 물론 대구지역 문흥(文興)을 이루는 데 기여하였다.

도성유(1571~1649)의 호(號)는 양직당(養直堂)으로 어릴 때 권송계(權松溪)에게 배우고 서낙재(徐樂齋)·정한강(鄭寒岡) 양문에 수학하여 덕행과 문장으로 세간의 사표(師表)와 서재 문운(文運)의 개조(開祖)가 되었다.

22세 임진왜란 때 서사원의 창의진에 참여하였고 당년에 부친상을 치렀으며, 임란 후 잦은 국내외 전란, 정치적인 당쟁 심화와 과제(科制) 문란 및 광해군 패륜이 유학의 대의명분과 맞지 않으므로 은일지사(隱逸之士)로 일관하였으니, 그때의 심경이 《대동풍아(大東風雅)》에 실려 있다.

일찍이 성리학(性理學)의 제설을 섭렵하여 성리학전(性理正學)을 편찬하고 〈오경체용분합지도(五經體用分合之圖)〉를 지어 조목마다 주해하였으며 45세 때에 이강서재에서 낙재 선생을 뒷바라지 하고 공이 재장(齋長)이 되어 여러 선비의 본보기가 되었다. 투암(投岩) 채몽연(蔡夢硯)과 낙재 선생의 행장을 찬하고 선생이 졸하심에 공이 있던 와룡정사(臥龍精舍)가 향내 이학(理學)의 중심이 되었으며 제현의 이력을 밝혀 〈달성일통연원(達城一統淵源)〉을 저작하는 일에도 앞서고 칠곡 향교를 세움에 세전지(世傳地)를 흔쾌히 희사하였다. 예서를 잘 써서 이강을 비롯한 당시 교원(校院)의 신판(神版)은 대개 공의 글씨이며 명현 거유들과 교의함에 《대구읍지(大丘邑誌)》에 향선생(鄉先生)과 달성 10현(達城十賢)으로 추앙되었다.

도여유(1574~1640)의 호는 서재(鋤齋)로 한강 · 낙재 양문에서 사사받고 28세에 금호선유(琴湖船遊)에 참여하니 학문이 순일하여 세인이 칭송하였다. 51세에 이괄(李适)의 난에 본부수령 한명훈(韓明勛)과 창의를 도모하였고 55세에 의소(擬疏)10조의 소안(疏案)을 작성하였다. 무공랑(務工郞)이었고 아들의 교육에 힘써 신수(愼修) · 신여(愼與) · 신행(愼行) · 신징(愼徵)이 과거와 조정에서 두각을 나타냈다. 종형 양직당과 함께 서재문한을 떨쳐 달성십현으로 추앙되고 대구읍지에 등재 되었다.

도신수(1598~1650)는 호가 지암(止巖)으로 도여유의 아들이다. 6세부터 양직당에게 수학하고 12세 때 관동(冲童) 시(詩)를 짓고 정한강·서낙재 양문에서 강학하였으며 27세에 진사시(進士試)를 거쳐 29세에 문과(文科) 별시(別試)와 다음해 명경과(明經科)에 급제하여 총민(聰敏)을 떨쳤다. 이어 성균관학유·형조좌랑 등을 거치고 다시 충청도사·호조정랑 등 내·외직을 지내며 가는 곳마다 성리학을 근본으로 선정(善政)을 펼치고 학예(學藝)를 진흥시켰다. 37세의 함흥판관(咸興判官) 재임 시는 원옥판결(冤獄判決)로 거사비(去思碑)가 세워지고 42세에 귀향하여 지암정(止巖亭)에서 후진을 양성하며 이강서원이 낙성됨에 낙재 선생 봉안문(奉安文)을 지었다. 43세에 서흥부사를 거쳐 46세에 5년 동안 재위한 울산(蔚山)에서는 향약(鄕約) 8조를 제정 실시하고 어업(漁業)을 진작시켰으며, 진휼미(賑恤米) 비축하여 두었다가 기민(飢民)을 구제하여 임금이 타고 다니는 말을 하사받았고 선정비(善政碑)가 세워졌다. 51세에 영해부사(寧海府使)로 가서는 풍속을 순화했는데 아깝게도 인조가 죽자 국상(國喪)에 다녀와 애도하다가 임지에서 돌아갔다.

위와 같이 도성유와 도여유는 대구지역의 학자로서 명망이 높았던 낙재(樂齋) 서사원(徐思遠), 모당(慕堂) 손처눌(孫處訥), 투암(投巖) 채몽연(蔡夢硯) 등과 함께 달성 10현(達城十

賢)으로 추앙된다. 달성(대구의 별칭) 10현은 당시의 달성(達城) 유현록(儒賢錄), 도곡문집(陶谷文集), 손오졸(孫五拙)이 찬한 《달성문인록(達城聞人錄)》 등에 등재된 당시 대구를 대표하는 선비 17인을 말하는데 지금도 후손들이 선현의 유학 정신 계승과 잊어져가는 선비정신을 발양(發揚)하고자 달성 유현숭모회(達城儒賢崇慕會)를 조직 활동하고 있다.

도문은 자녀들의 교육에도 힘써, 서재에서 서촌(西村)으로 넘어가는 서재1동의 계곡에 양직당(養直堂) 도성유(都聖俞)가 세웠던 와룡정사(臥龍精舍)가 있었다. 1798년 두 마을의 합의로 정사를 헐어 강창나루터인 파산(巴山)에 이락서당(伊洛書堂)을 세우는데 자재로 썼으며 지금은 골짜기 이름만 서당골로 남아 있다.

서재는 예송(禮訟)의 가문으로 더욱 유명하다. 서원에 배향된 세 분 이외에도 도신여(都愼與, 1605~1675)는 도여유의 둘째아들로 도신수의 동생이었으나 대종손 양직당의 후로 입적하였다. 호는 휘헌(撝軒)이며 어릴 때 낙재·한강 양문에 다녔는데 문장이 뛰어나고 경사(經史)에 밝아 두 선생으로부터 사랑을 받았으며, 29세에 사마시(司馬試)에 합격하고 재경(在京) 영남출신 관료들의 모임인 동도회(同道會)에 참여하였다.

병자호란(丙子胡亂)으로 정세가 혼미함에 향리에서 제자들을 가르치며 뉘우치게 하다가 41세에 진사과를 거쳐 47세에 명경과(明經科)에 급제하여 익년부터 성균관전적·예조좌랑을 지냈다. 52세에 용담현감(龍潭縣監)으로 나아가 향약을 제정하고 공역을 줄이며 녹봉(祿俸)으로 빈민을 구제하면서 권농과 학문을 진흥시켜 선정을 펼쳤다. 효종이 승하할 때 형조좌랑 직에 있으면서 잘못된 복상(服喪)문제를 변증(辨證)하다 서인의 핍박(逼迫)에 사직하였으나 이듬해 56세에 예조좌랑으로 제수되었다. 그러나 예송이 만연하여 논쟁이 그치지 않자 이를 바로 잡고자 예소(禮疏)를 올렸으나 왕의 견책으로 황간(黃澗)에 일시 유배되었다가 그 해 모친상(喪)으로 풀려났다.

59세에 김제군수와 이어 직강(直講)에 제수되었으나 부임을 삼가고 후진양성과 선사후서(仙査後敍) 등 저술(著述)에 전념하다가 64세에 다시 예조좌랑으로 나아갔다. 숙종이 즉위함에 특지(特旨)로 성균사예(成均司藝)로 임명되었으며 그 해에 돌아가시니 국사(國師)에게 묘 터를 잡게 하고 중신들로 하여금 장송(葬送)하게 했다.

셋째아들인 도신행(都愼行, 1609~1677)의 호는 명애(明崖)이고 이유(以兪)에게 양자로 나갔다. 16세에 생원시(生員試)를 거쳐 28세에 삼전도(三田渡) 국치(國恥)를 당함에 숭명배

용호서원 사적비

청(崇明排淸)의 동지인 명동(明洞) 최남도(崔道南)등과 팔공산에 은거하였으니 대명 14현(大明14賢)으로 불리고 동촌유원지 서편에 유허비(遺墟碑)가 있다.

대명 14현은 명동(明洞) 최도남(崔道南), 명천(明川) 김극초(金克初), 명호(明湖) 이언직(李言直), 명루(明樓) 정기(鄭錡), 명곡(明谷) 허계(許誡), 명령(明嶺) 서기태(徐基泰), 명계(明溪) 채생만(蔡生晩), 명암(明巖) 양시좌(楊時佐), 명애(明崖) 도신행(都愼行), 명화(明花) 유여장(柳汝樟), 명포(明圃) 이찬(李贊), 명와(明窩) 임이현(任以賢), 명야(明野) 우석연(禹錫連), 명월(明月) 여위여(呂渭與)이다.

우리나라 역사에서 큰 역할을 하신 분이 바로 죽헌(竹軒) 도신징(都愼徵, 1611~1678)으로 도여유의 4남이다. 일찍부터 부형과 와룡서재(臥龍書齋)에서 수학하고 장여헌(張旅軒)의 문인으로 나아가 정훈(庭訓)을 이어 받았고 예학을 명정(明正)하게 논강하였다. 당쟁과 난세에 향리에서 어버이를 모시며 유생(儒生)으로 출사하지 않고 초야의 선비로 지내며 영남 유생과의 교의가 지대했었다.

50세 이후 형 신여가 예조좌랑의 직책에서 예소(禮疏)로 견책(譴責)됨에 영남유생 100여 명과 봉소(奉疏) 상정하였으나 받아들여지지 않았다. 이어 64세 때 2차로 인선왕후(仁宣王

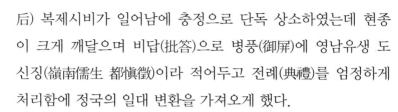

后) 복제시비가 일어남에 충정으로 단독 상소하였는데 현종이 크게 깨달으며 비답(批答)으로 병풍(御屛)에 영남유생 도신징(嶺南儒生 都愼徵)이라 적어두고 전례(典禮)를 엄정하게 처리함에 정국의 일대 변환을 가져오게 했다.

이로써 국례(國禮)가 바르게 잡혀지고 노론의 거두 송시열(宋時烈)이 관직 박탈에 유배되고 서인 정권을 실각시켜 국론의 분열과 당쟁을 진정시켰으니 현종실록(顯宗實錄)과 연려실기술(燃藜室記述)에 소상히 전해 온다.

그 해에 강릉참봉(康陵參奉)에 제수되었고 익년 종부시 주부(宗簿寺主簿)와 용궁현감을 맡아 민사를 편의케 하는 선정을 폈으며, 68세에 통정대부 공조정랑의 교지를 받았다.

380여 년 전 영남 선비 35현(賢)이 수계(修禊)한 모임인 동도회(同道會)에 도신수 · 도신여의 후손들도 참여하여 지금도 세의(世誼)를 다져오고 있다고 하니 자랑스러운 일이 아닐 수 없다.

서원 앞에서 건너 보이는 신당고개와 와룡산의 산세를 보니 정말 커다란 용이 누운 듯하다. 다만 도시의 발전은 이곳에도 어쩔 수가 없는지 산 너머 현대식 고층 아파트가 보이고 동산의 동편에도 고층 아파트가 많이도 들어 서 있다.

치경당 옆으로 올라올 때 보지 못했던 기와지붕이 보이는

데 그곳이 정열각이었다. 원래 3위의 정려(旌閭)가 동네 입구 세 곳에 따로 있었는데 1990년 이건(移建)하였으며 은행정 부근 바위에 현각(顯刻)되어 있던 아주신씨 칭송비는 도로 확장으로 헐리게 되어 개비(改碑)하여 원 위치 상부에 세워져 있다고 한다.

대구의 한 호젓한 곳 팔거현의 호족이었던 도씨는 여러 곳으로 이주 분거하여 집성지에 따라 크게 대구파(大邱派), 평양파(平壤派), 성주파(星州派), 단삼파(丹三派), 연로파(連魯派) 등 8개 파로 나누어졌다. 지금은 32개 파로 분파되었으며 그 중 대구파는 주로 18세 소몽조(所蒙祖)에 의거 양직당공파(養直堂公派)를 비롯하여 22개 파를 차지한다.

백파(伯派)인 대구에는 대종파 집성촌인 서재를 위시하여 서촌(西村) 용산동(龍山洞), 조암(租巖) 월성동(月城洞), 괘진(掛津) 대명동(大明洞), 죽곡(竹谷), 강정(江亭) 등이 있다. 인근에는 계파(季派) 계열의 성주(星州)에도 묵산(墨山)과 수촌(樹村)이 있고, 경상북도 내에는 군위(軍威)·하양(河陽)·청도·의흥·예천·울진 등에도 있다.

대구의 서재·서촌의 도문(都門)은 입향조 경상좌도 병마우후(兵馬虞候) 흠조(欽祖) 이래로 양직당(養直堂)·취애(翠厓)·서재(鋤齋)·낙음(洛陰)·지암(止巖)·휘헌(撝軒)·명애

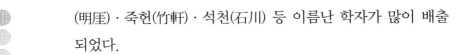

(明厓)·죽헌(竹軒)·석천(石川) 등 이름난 학자가 많이 배출
되었다.

일찍이 정한강·서낙재·장여헌·손모당 등과 사우관계를
맺어 영남학파의 문운을 크게 떨치고 가문과 대구를 빛냈다.
대표적인 인물이자 큰집인 양직당·서재·지암은 용호서원
에 배향되고, 작은집 쪽인 취애 도응유(都應俞)와 낙음 도경
유(都慶俞)는 병암서원(屛巖書院)에 배향되어 사림의 존경을
받고 있다.

본관지가 대구라고 할 수 있는 도문의 문중역사는 그 자체
가 대구시사의 한 부분이다.

와룡산 세 굽이

최 현 득

- 호 : 수산(水山)
- 전 대구광역시 행정관리국장, 교통연수원장
- 1997년 《문학세계》 신인상으로 등단
- 수필집 『창문을 열고』(2007)

와룡산 세 굽이

한 굽이- 산 넘어 강태공

어린 시절 나의 땅 끝은 와룡산이었다.

달구벌 옛터전인 대구, 그 서쪽 변두리 비산동(飛山洞)이 태어난 고향이다. 산이 내려와 앉았다는 전설을 따라 날뫼, 날미라 불렀다. 그 서쪽 끝을 무슨 장벽처럼 막아선 와룡산…. 불타는 노을이 저녁하늘을 수놓을 즈음이면 무슨 수호신처럼 경이로웠다 할까.

나는 그 너머를 알지 못했다. 알려고도 하지 않았다. 동네를 품고 있는 당산만 해도 덩치가 컸고, 동쪽 성내로 통하는 달성공원쯤 갈 때면 꽤나 흥분하곤 했다. 그 무대만도 소년에게는 엄청 넓었던 것이다. 서북방향으로 들판을 가로지르면 금호강이고, 팔달교 다리 밑에서 멱이라도 감으면 원정길인 셈이었다.

와룡산 원경

당산 넘어 달서천 금호강 와룡산으로 둘러쳐진 넓은 들판을 '개'라 했다. "개 갔다 온다." 아버지는 괭이 한 자루 어깨에 메고 매일 새벽, 아니 하루에도 몇 차례나 다섯 마지기 논에 다녔다. 나도 아버지의 흰 고무신을 부지런히 따라다녀야 했다. 물론 공부보다는 일이 우선이었다.

잠시 숨을 돌릴 때나 피곤에 지쳤을 때 와룡산에 눈길을 준다. 우선 보이니까. 놀란 가슴을 쓸어내릴 때면 황급히 와룡산을 본다. 무슨 약속이나 한 것처럼.

경부선이 그 개를 가로질러 달렸다. 그 철까치 위에서 두 동강이 난 시체를 보았을 때도 그랬다. 큰물이 지면 달서천 다리 비원교 밑에는 시체 하나쯤 널브러져 있는 것은 보통이었고, 달서천 둑이 터져 물난리가 날 때는 일대가 바다가 되었다. 놀란 가슴을 쓸어내릴 때, 언제나 있어준 것은 바로 와룡산이었다. 말 없는 산이었다. 그러나 나를 늘 지켜주었고, 많은 말을 해주는 것 같았다.

내가 그 와룡산을 넘게 된 것은 낚시 때문이었다. 물론 그 너머에 대구에서와 전혀 다른 비경이 있으리라곤 생각도 못해 보았다. 70년대 초엽 그러니까 내 나이 스물 대여섯 정도였을 것이다. 허랑방탕의 편력 끝에 심신이 지쳐 있었고 남은 것은 실업자란 딱지뿐이었다. 낙담과 실의의 시절이었다. 고맙게도 이럴 때 낚시를 찾는 처방을 삼천 년 전에 강태공이 가르쳐주지 않았던가.

그러나 그때는 대도시 대구가 개발의 몸살을 한창 앓기 시작할 무렵이었다. 가까운 못이나 저수지는 거의 메워져 버렸고 어쩌다 남은 것도 이미 낚시터는 아니었다. 악취와 쓰레기로 가득 찬 웅덩이랄까. 지금의 감삼지하철역 부근에 감삼못이 있었다. '감새미, 감새미' 하면 비산동에서는 제법 먼 곳 나들이로 쳤다. 그 감삼못에 새빨간 태아가 그냥 버려져 있던 시절이었다. 머나먼 와룡산 너머까지 진출해야만 했다. 지천 철교 바로 밑 금호강에 붕어 씨가 좋고 주변 경치도 그만이라는 소문이 귀에 쏙 들어왔던 것이다.

처음에는 가르뱅이를 돌아서 경부선 철까치를 따라 난 도로를 걸었다. 물론 포장도 안 된 어설픈 길, 어쩌다 공사판 트럭이라도 한 대 지나갈라치면 사정없이 먼지세례를 받아야 한다. 차 꽁무니에 대고 욕 한 마디 해야만 직성이 풀렸고. 몇 달 지나 간이 좀 커진 나는 아예 와룡산을 넘어 다니기로 했다. 분지의 한가운데 농로와 산의 동북 능선을 넘어 지금의 서대구IC 근방으로 빠지는 긴 코스가 아니었는가 싶다. 경제적 시간적 문제는 따질 필요조차 없으니…. 무엇보다 얼마나 낭만적인가. 방천리 아이들은 매일 산을 넘어 성서 쪽 학교를 다닌다고 했다.

나는 철치기를 했다. 줄낚시 방울낚시라고 할 수 있다. 당시에도 꾼들은 값나가는 들낚시를 들고 다녔지만 눈치만 보는 백수건달에겐 그림의 떡이다. 장비라야 낚싯줄과 방울 정도, 몇 백 원이면 해결되었다. 커다란 봉돌 뭉치를 머리 위에서 빙빙 돌리다가 강심(江心)으로 휙 던져 넣는다. 10m,

20m. 힘이 좋을 때는 더 나갔을 것이다.

'딸랑 딸랑' 방울소리는 미끼를 물었다는 신호, 번개같이 줄을 낚아챈다. 물론 속도가 관건이다. 낚싯줄에 손가락을 대 보면 고기의 움직임이 그대로 전달된다. 어찌 보면 절정의 도락이 아닐까. 매우 원시적이고 단순하다. 그러나 지금 누가 돈을 대주고 낚시를 하라고 해도 이 방식을 바꾸고 싶지 않다. 시쳇말로 쿨하고 심플한 것이 나는 그저 좋다.

와룡산을 넘나든 금호강의 낚시는 한동안 젊음의 상처를 다스려 주었다. 얼마간의 재미와 낭만이 덤으로 얹어진 것은 참으로 다행한 일이 아닐 수 없다.

그 후에도 와룡산과의 인연은 심심찮게 이어진다. 뙤약볕이 내리쬐는 보병 제50사단의 연병장에서 나는 신병훈련을 받았다. 혹독한 신체적 단련도 와룡산과 함께한 것이다. 여기에서 또 몇 년을 보낸다? 멀리 벗어나고 싶은 것은 젊음의 충동인가. 동해안 최북단 금강산 자락에서 삼 년을 보낸 것은 말하자면 의도적인 탈출이었다.

제대하고서도 갈 일이 생겼다. 용산동에 한 벗이 있었고, 그는 성주도씨였다. 병영 옆길의 가느다란 촌길을 한참이나 따라 올라간 그곳은 지금은 구마고속도로 옆 아파트의 숲이 무성하지만 한적하고 외진 농촌, 서촌이라 불리는 곳이었다. 나는 일도 없이 자주 들락거렸다. 고향을 잃은 사람이 고향 비슷한 곳을 즐겨 찾는 심정이었을 것이다. 게다가 예사 농가 와는 다른, 격조가 느껴지는 공간이었다. 대문에 걸린 '충렬 의 집' 자그마한 나무표지는 6 · 25에 아버지를 바친 사연을 전하고 있었다. 학문과 역사의 냄새가 풍기는 집이랄까. 말 수가 적고 눈빛이 날카롭던 그 할아버지도 손자 친구에게는 유난히 부드러웠던 기억이 새롭다.

두 굽이- 제갈량과 이여송

와룡산의 대표적 전설을 보자.

아주 태곳적 산 아래에 옥연(玉淵)이 있어 용이 노닐다가 그 못에서 나와 승천을 하려는데 지나가던 아녀자가 이를 보 고 "산이 움직인다."고 놀라 소리치자 이 소리를 들은 용이 승천을 못하고 떨어져 누운 산이라는 데서 와룡산이라 불리 게 되었다는 것이다. 내 고향 비산동의 전설도 비슷하다. 냇 가에서 빨래하던 아녀자가 산이 둥둥 떠가는 것을 보고 "산이 날아온다."고 놀라 소리치는 순간 산이 그대로 내려앉아 날 뫼, 곧 비산동이 되었다는 얘기와 신기하게도 빼닮았다.

진사 도석규(都錫珪)가 금호강 하류의 빼어난 풍광을 '서호

10곡'으로 간추린 것은 19세기 초엽이다. 강정·박곡·서재의 명승을 배로 거슬러 올라 일곱째 굽이로 점찍은 곳이 와룡산.

일곱 굽이, 와룡산을 돌아나오니
황제의 수레가 세 번이나 찾아왔구나.
중도에 돌아가시니 제갈량은 통곡했고
한나라 천운은 거듭되지 않았네.

칠지곡출와룡산(七之曲出臥龍山)
재가삼운고차문(宰駕三云顧此問)
중도붕년신량루(中道崩年臣亮淚)
한가천조불중환(漢家天祚不重還)

얼핏 보면 10곡이라 꼽을 정도의 경승(景勝)인데도 '와룡' 한 단어에만 의미를 부여하고 있다. 대구에 사는 후인으로서는 일면 섭섭한 대목이 아닐 수 없다. 용두봉 용미봉에 올라 그 기막힌 조망을 읊었으면 얼마나 좋았을까, 와룡산에 대한 토속 전설은 그때 더 풍부하지 않았을까, 적어도 자연과 문화의 조화를 잃은 것은 아닐까 싶은 것이다.

아마도 물굽이를 여러 개째 돌다보니 경관 묘사에는 식상

해진 모양이다. 아니면 특이한 지형에 끌렸을 수도 있다. 가운데가 옴폭 파인 방천리 분지는 크기의 차이일 뿐 삼국지의 무대인 사천(四川)분지와 꽤 닮았다. 와룡과 사천, 두 가지 임팩트가 이 시에 작용한 것이라고 나름의 부질없는 변호를 하고 싶다.

내친 김에 생각을 진전시켜본다. '와룡' 하면 제갈량의 충의를 떠올려야 하는 문화, 중국은 남의 땅 남의 문화가 아닌 것이다. 조선조 선비의 정향을 느끼게 하는 대목이 아닐 수

중국 사천성 성도의 무후사

없다. 멀지 않은 과거인데도 당대의 주류 담론이 어떠했는지 무엇이 우리네의 정신과 생활을 지배해 온 것인지를 새삼스럽게 일깨워본다.

2009년 여름 제갈량의 땅 파촉(巴蜀)을 다녀왔다. 동쪽의 장강삼협과 북쪽의 검문촉도, 유비의 백제성, 장비의 장비묘, 관우의 형주고성을 아우르는 삼국지 테마기행이라 할까. 영웅들의 한 서린 자취들을 돌면서 중국이 아닌 우리의 문화감각을 느껴보았다.

그러나 그 중 백미는 제갈량을 모시는 성도(成都)의 무후사(武侯祠)일 수밖에 없다. 경내에 대련(對聯) 편액이 많은데 가장 유명하다는 청대(淸代) 조번(趙藩)의 구절을 옮겨본다. 본고장에서 충의나 정통보다는 지략가 경세가의 면모에 초점을 두고 있다는 점이 서호 10곡과는 다른 느낌을 준다.

능공심즉반측자소(能攻心則反側自消)
종고지병비호전(從古知兵非好戰)
불심세즉관엄개오(不審勢則寬嚴皆誤)
후래치촉요심사(後來治蜀要深思)

마음을 공략하면 의심이 절로 소멸하니
예부터 병법을 아는 자는 싸움을 좋아하지 않고
세력을 살피지 않으면 관대와 엄격이 모두 잘못이니
훗날 촉을 다스리려면 이를 깊이 헤아려야 하리라

와룡산과 이여송(李如松). 능선 곳곳의 안내판에 그 인연이 기록되어 있으니 많은 사람이 보게 되어있다. 임란 때 원군으로 우리나라에 온 이여송이 이 산의 정기가 매우 뛰어나 많은 인재가 날 것을 우려한 나머지 산의 맥을 자르니 그 곳에서 검붉은 피가 솟구쳤다는 것이다. 불과 4백 년 전의 일이 전설이란 이름으로 등반객의 눈길을 끌고 있다.

국난 최초의 원병사령관인 만큼 특별한 대접을 받을 만한 것일까. 원군이라는 명분하에 거들먹거리면서 정작 왜군과 싸울 생각은 하지 않았다는 것은 우리가 아는 상식이다. 조선군과 합세하여 평양성을 탈환하고, 한양으로 향하던 도중 벽제관 전투에서 왜장 고바야가와(小早川)에게 패한 이후 후퇴한 것이 역사 기록의 전부다.

그런데 얼씬도 하지 않은 남한 땅 도처에 그에 관한 인물설화가 만발하고 있는 것은 기이한 일이다. 특히 산천의 혈맥을 끊은 이야기가 상당수 전승되고 있는데, 와룡산 설화도 그 중

하나인 셈이다. 이여송과 명군에게 손상당한 민족적 자존심을 설화를 통하여 보상받으려는 의지를 반영하고 있다고 할 수 있다. 다만 이 산이 대구 지역의 정기가 뛰어난 명산으로 인식되어온 사실만은 짚고 넘어가야 할 것이다.

와룡산에 난데없이 등장한 중국인 제갈량과 이여송. 속 좁은 생각인지 모르나, 나는 엉뚱하게도 우리의 이순신을 떠올려 본다.

60년대에 《제갈량과 이순신》이란 책이 나왔을 때 나는 피식 웃은 기억이 난다. 비교하지 못할 정도의 함량 차이, 아니면 촌스런 민족주의다, 쑥스럽다 하는 생각을 하면서….

최근 '중국과 일본이 보는 이순신'이란 인터넷 토막글을 읽은 적이 있다. 재미있는 역사적 가설을 내세운다. 만약 이순신이 일본장수였다면, 만약 이순신이 훗날 청나라 장수가 되었다면 등등이다. 한마디로 역사가 달라졌을 것이며 이순신과 비교할 만한 인물이 없다는 결론이다. 제갈량의 지략과 충의는 세계화되어있고 시원찮은 이여송조차 설화속의 인물로 떠받드는 판에, 우리의 구국 성웅은 과연 제대로 대접을 받는 것일까, 와룡산에서 느껴보는 심정이 좀은 착잡하다.

세 굽이- 아, 아롱산

팔공산과 비슬산 등 주위의 산은 그 지세가 대구분지를 향해 뻗어있다. 오직 와룡산만은 대구를 등지고 돌아누워 있는 형상을 보이는 역산(逆山)이라 한다. 용두봉(293m)과 용미봉(255m)에서 내려다보는 서쪽과 북쪽의 물 좋은 금호강과 질펀한 들판, 그리고 끊어질 듯 이어져 달리는 연봉들은 정녕 산수화의 압권이라 할 수 있다.

와룡산이라면 삼천포의 와룡산이 더 높고 유명하다. 대구의 와룡산이 전국적으로 알려진 계기는 아이러니컬하게도 충격적인 사건 때문이다. 대한민국 3대 미제사건이라는 개구리 소년 실종사건-. 1991년 3월 26일 발생한 이 사건은 '아이들' 이란 실화영화로 제작되어 딱 20년 후인 신묘년에 새롭게 태어났다.

첫 해에 동원된 30만 명의 수색인력, 지식인의 용기가 허망하게 무너지는 모습, 범인으로 오해받는 부모들, 확대 재생산되는 비극, 얽히고설킨 복잡한 범인방정식…. 영화 같은 실화, 실화가 다시 영화가 되면서 제작자는 말한다. 이 비극적 사건으로 상처 받은 모든 분들에게 이 영화를 바친다고. '토압산' 으로 이름을 바꿔준 배려에 감사해야 할지 망설여진다.

그 무대인 와룡산은 오늘도 말이 없는데.

가끔 고향을 간다. 대구광역시 서구 비산동, 사람도 산천도 바뀌었다. 와룡산 가던 길목의 떡덕굴 원고개 들말못, 점차 기억마저 희미해질 것이다. 오랫동안 버티던 당산마루도 없어지고, 달서천도 콘크리트 밑으로 숨어버렸다. 당연한 일이다.

나의 수호신 와룡산도 당연히 변하고 있다. 아니 이미 많이 변했다. 대구 쪽 넓은 치맛자락은 서구와 달서구 수십 만 시민의 보금자리가 된지 오래고 접근성이 좋다고 능선부근까지 근린공원 수준으로 개발된 곳도 있다.

아늑한 방천리에 쓰레기매립장이 들어선 것은 입지의 필연인지 운명의 장난인지 누가 알겠는가. 하여튼 대구시민 전체의 배설물을 넉넉한 품 안에 끌어안은 지도 20년이 넘었고 앞으로도 대안이 없다 한다. '위생매립장'을 거쳐 '환경자원사업소'로 세월 따라 간판을 고쳐 달았다. 나는 머리를 조아린다. 수호신 당신의 자정능력이 수백만 백성의 삶을 지탱하게 되었소이다.

'저탄소 녹색철도', 글씨도 선명하다. 용미봉 끝머리가 헤집어진 곳에 터널공사가 한창이다. 경부고속전철 도심구간이 와룡산을 꿰뚫게 되어있다. '환경'이나 '녹색'이란 수식어가 반드시 필요한 시대가 되었는가 보다. 최소한 조물주에게 면

와룡대교 야경

피를 하려는 심산인가.

지난 연말 와룡대교라는 명물도 생겼다. 대구 최초의 사장
교에 야간 조명으로 볼거리가 생겼다고 소문도 많이 났다. 달
성군 서재에서 금호강을 건너 북구 사수동으로 가는 힘줄이
눈에 보이는 듯하다. 그러나 어쩔 것인가. 품 안에 고름을 껴
안고 오장육부를 뚫리다가 이젠 잠까지 설쳐야 할 판이다.

눈을 감고 멀리 서쪽 하늘을 본다. 불타는 저녁노을을 거느
린 웅장한 모습은 변함이 없다. 그 품에 대구를 다 안았다. 꼭

같다, 아니 더 커 보인다. 자꾸 커진다. 안달하는 소년을 달래
려는 것 같기도 하고 더 여유가 있다는 몸짓 같기도 하다.

어릴 적 우리 비산동쪽 아이들은 뜻도 모르고 그냥 불렀다.
'아롱산' 이라고. 와룡선생 제갈량도 대명총병 이여송도 몰랐
고 서호 10곡은 더더욱 몰랐다. 250만 인구의 쓰레기매립장
을 품에 안는다거나 영화 같은 끔찍한 비극의 현장이 되리라
곤 상상조차 못했다.
멀고 먼 곳에서 아롱거리는 신비한 산, 대충 그 정도로 감
을 잡았을 것이다. 그리고 나는 그때가 좋고 그 아롱산이 눈
물겹게 그립다. 시원한 강바람을 타고 '딸랑 딸랑' 방울소리
가 경쾌하게 들리는 듯하다. 아롱산을 넘는 강태공의 모습도
괜찮은 그림으로 떠오른다.
아- 와룡산, 와룡산…, 아-롱-산-.

해랑교에 얽힌 애절한 사연

하 종 성

• 전 대구광역시 상수도사업본부 업무부장
• 산문집 『역사속의 달구벌을 찾아서』(2005)

해랑교에 얽힌 애절한 사연

　다사는 옛 대구부 하빈현 하동면(河東面)·하남면(河南面) 지역으로서 신라 경덕왕 16년(757년)에는 수창군의 속현으로 이때는 다사지현(多斯只縣) 또는 답지(畓只)라 불렀다. 그 후 성서(城西)·다사(多斯)·하빈(河濱)의 3개 면을 통합하여 하동·하남으로 분할되기도 하였고, 고려 현종 9년(1018년)에는 경산부(京山府 : 지금의 星州)에 속하였다가, 고려 인종 21년(1134년)에 대구현으로 편입되었다.

　조선 태종 14년(1414년)에 대구부의 속현인 하빈현의 하동·하서·하남으로 3개면이 되었다가, 광무 10년(1906년)에 하빈현의 동쪽에 위치하였다 하여 하동면이라 하고 7개동

(伊川, 達川, 朴谷, 坊川, 鋤齊, 內村, 世川)을 관할하였으며, 하빈현의 남쪽에 위치한 하남면은 6개동(汶山, 汶陽, 西部谷, 釜谷, 梅谷, 竹谷)을 관할하였다.

1913년 부제(府制) 실시와 더불어 대구군이 부로 승격되면서 하동면과 하남면을 합쳐 달성군 관할의 다사면(이천, 달천, 박곡, 방천, 서재, 세천, 문산, 문양, 부곡, 매곡, 죽곡)으로 개편되는데, 그 후 인구가 급증하여 1997년 11월 1일로 다사읍(邑)으로 승격되었다

다사읍은 달성군의 북부에 위치하여 동부와 북서부는 구릉성 산지이며, 이들 구릉지 사이로 금호강이 굽이쳐 흐르면서 넓은 충적평야를 형성하고 있고, 와룡산(299m)과 궁산(253m)은 달서구 서부쪽에 솟아 있다. 낙동강과 금호강의 합류점에서 약 1km상류인 낙동강에 지수보가 건설되어 좌안에 강정취수장이 있고 상류로 거슬러 올라가면 최근 건설된 문산취수장 등이 있는데, 대구 상수도 급수량의 73%를 분담하고 있는 지역이기도 하다. 또한 도시철도 2호선의 출발지요 도착지인 문양기지창도 이곳에 있다.

이제 해랑교(海娘橋)에 얽힌 애절한 사연을 소개하고자 한다. 해랑교가 시작되는 박곡(朴谷, 朴室)마을 뒤로 박산(朴山)이 둘러있고, 앞으로 금호강이 흐르고 이 강을 젖줄로 박

도깨비징검다리에서 철근 콘크리트다리로 바뀐 해랑교

실 들(野)이 펼쳐있었다.

　옛날 홍수로 천지개벽이 되었을 때 마을 뒷산이 박을 엎어
둔 만큼 남기고 물에 잠겼다 하여 박산이라 했다 하며, 그 후
이 마을을 '박실 또는 박곡'이라 부르게 되었다 한다.

　해랑교의 사연은 옛날 낙동강을 이용해 지역 간 산물(産物)
을 교환하던 때에 멀리 바다의 소금배가 이곳 여진(驪津) 나
루터까지 올라오던 때였다.

　어느 날 젊은 나이에 어린 딸만 남기고 남편을 저세상으로
먼저 보내고 의지할 곳 없이 떠다니다가 소금 배에 몸을 싣고
세상풍파에 시달린 몸으로 이곳까지 흘러온 아낙이 있었다.
그녀는 초라한 옷차림에 어린 딸을 손잡고 머리에 보따리 짐
이 고작이었다. 하루끼니조차 의지할 곳이 없었으나 동네 후
한 인심 덕분에 한 달포를 지내다가 호구지책(糊口之策)으로
나루터에 주막을 차리게 되었고, 이때부터 마을사람들은 바
다에서 소금 배와 함께 이곳까지 왔다 하여 그녀를 해랑(바다
海, 계집娘) 어미라 불렀다. 그 여인의 반반한 얼굴에 뭇 사내
들의 유혹도 심했지만 오직 딸자식 하나만을 바라보며 알뜰
하게 살다 어언 십여 년이 되자 돈도 모으게 되었고, 지성이
면 감천인지 해랑이도 예쁘고 착하게 성장하였다.

　그 후 해랑 어미는 강 건너 논밭도 사게 되어 살아갈 밑천

도 장만하였지만 모녀뿐인 단출한 식구로 항상 외롭게 사는 처지라, 이때에 이웃마을에 사는 마음씨 좋은 청년을 해랑의 배필로 삼아 데릴사위로 온 식구가 단란하게 오순도순 잘 살게 되었다. 부지런한 그녀는 농사철이 되면 강을 건너 논 밭뙈기를 일구려고 아침 일찍부터 해질 무렵까지 일을 하다보니 어두운 밤길에 강물을 건너는 일이 다반사였다.

해랑의 전설은 이제 다리 이름으로만 남아 있다

그때 건너 마을에 사는 홀아비가 아낙네 혼자서 매일 힘겨운 농사를 짓고 있는 것을 보고 못내 안타깝게 생각하여 저녁 무렵이면 먼저 일손을 놓고 종종 아낙의 일을 도우는 날이 많아지자 자연스럽게 고마움에 마음을 주게 되었다. 이 일로 하여 그들은 눈이 맞아 밤이면 동네사람의 눈을 피해 만나면서 어렵고 힘겨웠던 과거를 서로가 어루만져 주면서 사랑은 깊어만 갔다.

어미의 밤 외출이 잦자 해랑과 그의 남편은 무슨 일이 있는지 궁금하여 살펴보게 되자 뒤늦게 이 사실을 알게 되었으나, 안타까운 마음에 이를 모른척하였다. 물길이 세찬 때나 차가운 날씨에도 강물을 건너다니는 어미의 애처로운 모습을 보고 마음이 무척 아팠다. 그래서 해랑과 그의 남편은 한밤중에 몰래 바위 돌을 옮겨 사나흘 만에 강을 쉽게 건너다닐 수 있는 '징검다리'를 놓게 되자, 동네사람들은 어느 날 갑자기 생겨난 이 다리를 보고 도깨비가 놓고 간 다리라 하여 '도깨비다리'라고 불렀다.

꼬리가 길면 밟힌다고 했던가. 이를 수상히 여긴 사람들이 이 사연을 알게 되자 동네노인들이 주선하여 홀아비와 홀어미의 혼례를 동네잔치로 흥겹게 치르게 되었고, 그날 이후 이들은 자녀들의 보살핌으로 노년을 행복하게 해로(偕老)하였으며, 딸의 효행으로 놓인 다리로서 부모에 대한 해랑의 효성을 널리 알리고 기리기 위해 해랑교라 부르게 되었다 한다.

　이러한 애절한 사연을 담은 징검다리는 없어지고 우람하게 세워진 철근 콘크리트 구조의 '해랑교' 위를 오늘도 수많은 차량이 무심코 오가고 있다.

오류문학회 주소록

강재형 ｜ 대구광역시 달서구 월성동 500-13 우방 101동 803호
Tel. 053-631-0952   Mobile. 010-3526-8863
E-mail. kjh51@daegumail.net

남해진 ｜ 대구광역시 중구 대봉2동 735-9
Tel. 053-425-2295   Mobile. 011-515-5423
E-mail. nhjin21c@yahoo.co.kr

박태칠 ｜ 대구광역시 동구 신서동 755 신서롯데캐슬레전드 102동 408호
Tel. 053-662-3316   Mobile. 011-9360-3572
E-mail. palgongsan@hanmir.com

배연자 ｜ 인도네시아 자카르타 거주
Mobile. 017-525-6006   E-mail. byj0212@yahoo.com

유재희 ｜ 대구시 수성구 파동 540-16 대영빌라 C동 101호
Tel. 053-764-8633   Mobile. 010-2512-8633
E-mail. yoobi404@paran.com

이순옥 | 대구광역시 중구 대봉1동 111 청운맨션 7동 706호
Tel. 053-426-7774   Mobile. 011-526-2704
E-mail. senakr2002@hanmail.net

이정웅 | 대구광역시 북구 태전동 169-2 태전우방타운 103동 808호
Tel. 053-325-9960   Mobile. 010-4534-9960
E-mail. ljw1674@hanmail.net

전청수 | 대구광역시 수성구 범물1동 1281 청구타운 203동 501호
Tel. 053-782-2787   Mobile. 010-2519-2787
E-mail. chsoo4130@paran.com

정시식 | 대구광역시 수성구 만촌3동 777 만촌우방 207동 1302호
Tel. 053-756-6768   Mobile. 010-9707-8811
E-mail. sisik@hanmail.net

최중수 | 대구광역시 남구 대명5동 1705-33
Tel. 053-656-5705   Mobile. 017-539-1130
E-mail. su5705@hanmail.net

최현득 | 대구광역시 수성구 상동 418-2
Tel. 053-765-0791   Mobile. 010-7393-2040
E-mail. ch728go@hanmail.net

하종성 | 대구광역시 수성구 수성4가 수성데시앙 105동 2206호
Tel. 053-313-1800   Mobile. 010-8585-1801
E-mail. jsha4528@hanmail.net

홍종흠 | 대구광역시 수성구 중동 41-5
Tel. 053-763-8660   Mobile. 011-9371-8660
E-mail. jhhong43@hanmail.net

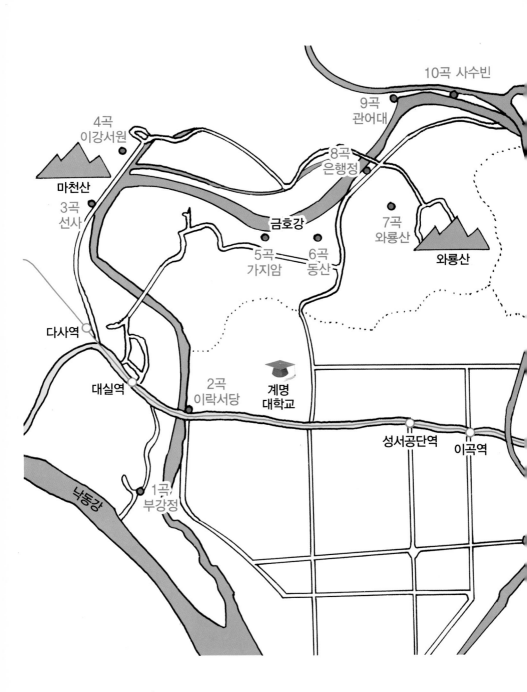

10곡 사수빈

9곡
관어대

4곡
이강서원

8곡
은행정

마천산

7곡
와룡산

3곡
선사

금호강

와룡산

5곡   6곡
가지암   동산

다사역

계명
대학교

대실역

2곡
이락서당

성서공단역   이곡역

낙동강

1곡
부강정

금호강, 서호를 거닐다

지은이 오류문학회

초판 1쇄 인쇄 2011년 6월 10일
초판 1쇄 발행 2011년 6월 15일

펴낸이 신중현
펴낸곳 도서출판 학이사
출판등록 제25100-2005-28호
주소 대구광역시 중구 국채보상로 101길 15 (동산동 7)
전화 (053) 554-3431, 3432
팩스 (053) 554-3433
홈페이지 http://www.학이사.kr
ISBN 978-89-93280-32-6 03090

* 값은 뒤표지에 있습니다.
* 잘못된 책은 구입하신 서점에서 바꾸어 드립니다.

• 이 책은 대구경북연구원의 지원을 받아 집필되었습니다.